敦煌道教遺跡選萃

趙聲良題

譚偉倫 主編 段鵬

中華書局

嗇色園

編委　嗇色園
李耀輝　梁理中　羅錦雄　陳拾壹　駱慧瑛
冼碧珊　李志誠　陳焜　　樊智偉　吳漪鈴
香港中文大學文化及宗教研究系
譚偉倫　段鵬
敦煌研究院
馬德　盛岩海　李國　姚志薇

主編　譚偉倫
段鵬

執行主編　段鵬

封面題字　趙聲良

圖片提供　敦煌研究院
敦煌市博物館
瓜州縣博物館
（文物保護與開發利用中心）
肅北蒙古族自治縣文物管理部門
盛岩海　段鵬　石明秀

編寫凡例（說明）

一、本書中敦煌研究院管轄石窟（莫高窟、榆林窟、西千佛洞、水峽口下洞子）的壁畫彩塑圖片均由敦煌研究院提供，版權為敦煌研究院所有。

二、本書圖片按中國歷史朝代順序編排（外景圖片除外）。

三、在榜文的文字釋錄中，為保持文本原貌，錄文按榜文原文分行，並以阿拉伯數字標出行數。

四、在題記、榜文的文字釋錄中，所缺字數能確定的以「□」表示單字。所缺字數不確定的，以「▱」表前缺，「▱」表後缺；以「▱」表示中間缺字。

五、凡缺字能據上下文補時，在「□」內補出；明顯的錯字及借字，在錄文後「（ ）」內校出；對錄文存疑的，在錄文後標「（？）」；未能釋讀的文字以「？」標出，不出校記。

目錄

李耀輝（義覺）監院

敦煌石窟是我國舉世聞名的文化寶藏，舉凡當中壁畫、造像、寫經等宗教文物所呈現的磅礴藝術與精神文明，皆使中外人民悠然神往。本人過去一直心繫敦煌文化，曾探訪部分洞窟數次。在 2018 年 6 月推動嗇色園籌辦了一次敦煌藝術文化交流之旅，並於 2020 年 6 月出版《光影千年：嗇色園敦煌尋蹤》一書以作紀念與總結。長久以來，敦煌洞窟為人所熟知的多是佛教藝術，相較之下道教在敦煌往往被視為處於次要的地位。儘管學術界百年來對敦煌道教研究已有系統而周密的整理，但其範疇多集中於中古寫本經典與文獻，對道教藝術承傳以及當地社會的影響與傳播關注不多。本人屢與道教界學者交流提及此事，莫不引以為憾。常盼能與有識之士再訪敦煌、重新發掘未被關注的環節，補充世人之所未知。

在 2020 年，隨着新冠疫情迅速爆發與持續蔓延，本人以為再踏上敦煌探索之路將遙遙無期。但本園文化委員會顧問譚偉倫教授於得悉本人心繫敦煌文化之承傳後，在是年年中向嗇色園提交了一份以清代以來敦煌道教為研究主題的計劃書，務求通過一系列的學術活動及出版，重新探討道教在敦煌的發展及其與佛教的交涉互動關係。本人對譚教授提出的新穎卓見深表欣賞，嗇色園董事會亦對研究計劃予以全力支持。同年，嗇色園捐獻港幣一百五十萬元予香港中文大學資助由譚偉倫教授主持的「敦煌中的道教：敦煌石窟清以來佛道交涉研究」計劃。項目的首個成品便是出版一本以敦煌道教為主題的圖錄，希望向大眾介紹現存的敦煌道教藝術與宗教文物。

要編纂如此專門的著作實非易事，首先必須要得到敦煌當地研究與保護機構的信任與支持，才能接觸相關文物的原始資料與實物，及後亦要仰賴堅毅耐心的學人組成團隊作詳細研究，方可達成。在本人與譚教授協調下，集合了來自嗇色園、香港中文大學及敦煌研究院三方的人士共同組成編輯委員會。當中年青學者段鵬博士奮其銳志，多次不辭勞苦走訪敦煌各個石窟及博物館調查研究，匯集了眾多未被公開出版的珍貴敦煌道教文物圖片。他的努力不僅使本書能迅速地以一年時間編修而成，更為學術界帶來重新審視敦煌道教的新材料。同時，本書在資料搜集與甄選方面，亦得到敦煌研究院馬德教授、李國先生、盛岩海先生及姚志

薇女士的專業協助。更為難能可貴的是，我們榮幸邀請到敦煌研究院黨委書記趙聲良博士為書名親筆題字，使本書添上古樸優雅的神韻。本園文化委員會顧問駱慧瑛博士是敦煌藝術研究專家，她在圖錄出版與設計過程中，亦給予許多寶貴的意見。是書能夠順利出版，實有賴以上專家學者的關顧支持方能玉成美事，本人謹在此致以衷心謝意。

《敦煌道教遺跡選萃》收錄的清代及民國時期道教遺跡圖片，多為第一次以彩色圖像公開出版。包括位於敦煌莫高窟、敦煌西雲觀、敦煌火神廟、榆林窟、西千佛洞、東千佛洞、瓜州蘑菇台王母宮及老君廟等地的文物，總數達一百八十多幅，使到本書在敦煌文物收錄上具有獨特的開創性價值。其中如榆林窟第二十三窟的全真道歷史壁畫、莫高窟三清宮《三清說法圖》和《老子一氣化三清》壁畫及東千佛洞出土的國家一級文物八仙拐杖等，都是彌足珍貴的道教藝術瑰寶。

香港與敦煌相距千里之遙，但共同的信仰可以使彼此跨越千年時光、無懼路途險阻，只為傳承中華文明瑰麗精萃。本書的問世不僅是為了填補敦煌學上有關道教研究的空白，也是嗇色園希望為道教文化的傳承作出貢獻的新嘗試。圖錄以「遺跡」總括收錄的道教文物，一方面指出其背後承載的悠久歷史，同時也暗示圖片所示之物已失去原本功能，其價值轉變為文化遺存供後人緬懷瞻仰。道教經歷千年之盛衰，貫通古今之鉅變，至今於新時代仍弘道不息，處處闡教。重新發掘敦煌中的道教對認識歷史上的佛道交流與宗教包容別具意義，也寄望此書的出版能夠勉勵當下玄門同道保育正在傳承或已作遺跡的道教傳統文化，使前人的光輝藝萃與智慧不致消失於時代洪流之中。

今圖錄既成，跨越千載歷史的敦煌道教文物能匯編成書，通過精美圖片呈現公眾眼前。不勝欣喜之餘，特記本書始末，是為序。

李耀輝（義覺）

辛丑孟冬於嗇色園悟道堂監院辦公室

When we hear the term "Dunhuang", we think spontaneously of the collections of Buddhist and Daoist scriptural manuscripts or the magnificent cave murals of the Buddhist Pure Land paradise. This new book of images gathered by Duan Peng for his doctorate and now published in the context of a major project led by Tam Wai Lun reminds us that Daoism is also present in Dunhuang, not just by its scriptures but also in tomb bricks, cave murals, and late imperial local Daoist temples and rituals.

The selection of materials begins with tomb bricks from the Wei-Jin period: images of mythical or symbolic animals that constitute already a mix of Indian and Chinese elements, the four heraldic animals (3-5) and a three-footed crow (21), for example, but also an elephant (6). From the Northern Liang there is a miniature stone pagoda graced by Northern Dipper and eight trigrams (25). Among the most fascinating images are those of otherwise clearly Buddhist caves of the Western Wei but in which are also found, on the ceiling, painted images of a pantheon rich in native elements: Xiwangmu driving her phoenix chariot (33), Leigong surrounded by drums (46), Fengbo and Yushi (37), Fuxi and Nüwa (41). From the Northern Zhou there is a painted bas-relief image identified as a "feathered person" (51), that is, a Daoist immortal.

The late imperial caves are characterized by clay statues of the gods of the Chinese pantheon: Wenchang and Yaowang (63), the Great Emperors of the Five Peaks (65), the ten gods of hell (66-67). Among the most interesting images are specifically Daoist gods like Doumu (68), Zhenwu (69), Nanji xianwang (74), Wusheng laomu (75), Wang Lingguan (76, 111), the Leigong/Dianmu couple (81), Taishang laojun (83, 95), the Four Marshals Yue, Zhao, Ma, and Wen (88) flanking Zhenwu (89), Heavenly Master Zhang (96; cf. 122, seated on a tiger), and Lü Dongbin (116).

There are also inscriptions and texts of considerable interest, notably of Daoist Offerings and pilgrimages done on the Buddha's birthday: a placard for a Lingbao Daoist Offering done in the year 1889 (108); in the year 1775, a Daoist monk from Wudangshan's inscription commemorating his pilgrimage (110); a text that records an Offering done by a "disciple who carries on the teaching" from the year 1837 (119); a beautiful drawing for an Offering performed by a Wudang

Association in 1736 (125). There is also a complete photographic account of the famous Sanqinggong (140-162) and its resident priest, Wang Yuanlu (134). One of the most interesting murals in this temple depicts "the single breath of Laozi transforming into the Three Pure Ones" (152-153).

If all of the above items are from the Mogao Caves, there is also an extended section on the Yulin Caves. Particularly remarkable is a long, low rectangular cave presided over by Leisheng puhua tianzun (218), with statues of Fengbo (221) and Yushi (223), Dianmu (225), and Leigong (227). A similarly shaped cave, much more richly decorated, is focused on the Medicine King Sun Simiao (238). Some of these caves also contain inscriptions by Daoists recorded on the Buddha's birthday, with one dated 1790 (240). A whole series of very lively paintings illustrate stories from the Quanzhen tradition (242-277). Nanji xianweng is also depicted (269).

Also deserving of mention is a series of unfortunately fragmented Ming dynasty drawings of the Daoist pantheon taken from one of the Eastern Thousand Buddha Caves (331-335). From the same caves there are statues of a Daoist Marshal (345) and Wang Lingguan (346) as well as of the Three Officers (355). Finally, there are the temples to the Queen Mother (374-383) and Laojun (385-386) in Mogutai.

This brief overview gives but a glimpse of the wealth of information about local religion in the Chinese Far West over a period of nearly two thousand years. It above all reminds us that, even in predominantly Buddhist regions, Daoism had a presence that shows its close links, locally, to national traditions. We owe Duan Peng a debt of gratitude for gathering all this wide-flung and little studied documentation into a single book, to Tam Wai Lun for supporting this research, and to Wong Tai Sin for sponsoring its publication.

John Lagerwey
July 26, 2021, in Mauren, Switzerland

當我們聽到「敦煌」一詞，我們自然會想起佛道經典寫本的藏品或佛教淨土樂園的壯觀洞窟壁畫。這本由段鵬匯集圖像的新圖錄現在於譚偉倫領導的一個重大項目下出版，提醒我們道教也存在於敦煌。不僅通過其經本，而且是在墓磚、洞窟壁畫以及帝國晚期地方道教廟宇與儀式之中。

　　圖錄的展示由魏晉時期的墓磚開始：當中神話或象徵性動物的形象已經構成了印度和中國元素的混合體。例如四靈（圖 3-5）、三足烏（圖 21）以及大象（圖 6）。由北涼石塔上刻有北斗七星、八卦符號（圖 25），乃至於在西魏佛教洞窟天花上那些最令人着迷的諸神彩繪圖像，也可以發現豐富的本土色彩：西王母馭鳳車（圖 33）、被鼓圍繞的雷公（圖 46）、風伯及雨師（圖 37）、伏羲和女媧（圖 41）。在北周時期洞窟的彩塑中有一塑像被視為「羽人」（圖 51），那正是道教的仙真。

　　帝國晚期洞窟的特色是中國諸神的泥塑神像：文昌與藥王（圖 63）、五嶽大帝（圖 65）、十殿閻王（圖 66-67）。其中特別是道教神明的圖像最饒有意趣，如斗姆（圖 68）、真武（圖 69）、南極仙翁（圖 74）、無生老母（圖 75）、王靈官（圖 76、111）、雷公電母（圖 81）、太上老君（圖 83、95）、岳、趙、馬、溫四元帥（圖 88）、護衛真武（圖 89）、張天師（圖 96、122 坐虎者）及呂洞賓（圖 116）。

　　這裏還有相當值得關注的題記與文獻，尤其是在佛誕日進行的道教獻供及朝聖：如清光緒十五年（1889）《靈寶酬恩醮筵普福經壇榜》（圖 108）、清光緒乾隆四十年（1775）武當山道人四月八朝山墨書題記（圖 110）、清道光十七年（1837）嗣教弟子朝山墨書題記（圖 119）、一幅瑰麗繪畫上留下的清乾隆元年（1736）「武當會建醮」墨書題記（圖 125）。本書還有著名的三清宮（圖 140-162）及其住觀道士王圓籙（圖 134）的完整攝影。當中此

道觀最富有趣味的壁畫是描繪着「老子一氣化三清」（圖152-153）。

如果以上物品多來自莫高窟，那本書在榆林窟還有一個伸延部分。特別引人注目的是一個由雷聲普化天尊（圖218）統轄的長而低的矩形洞窟，當中供奉着風伯（圖221）、雨師（圖223）、電母（圖225）及雷公（圖227）。在一個形狀相似但有着更多豐富裝飾的洞窟，則聚焦於藥王孫思邈（圖238）。這些洞窟部分還含有道士在佛誕日所記載的題記，如一則在清乾隆五十五年（1790）由「玄門弟子王澤宏」墨書的題記（圖240）。此外，當中也有一系列非常生動的畫作講述了全真傳統的故事（圖242-277），南極仙翁也被繪畫其中（圖269）。

同樣值得一提的是一系列不幸支離破碎、來自東千佛洞第7洞窟的明代道教神仙卷軸畫（圖331-335）。在東千佛洞第8洞窟，還有道教元帥（圖345）、王靈官（圖346）及三官像（圖355）。最後，這裏還有蘑菇台王母宮（圖374-383）及老君廟（圖385-386）。

這個簡短的概述只是讓我們瞥見了近二千年來中國遠西地區地方宗教的豐富信息。它首先提醒我們，即使是在佛教佔主導地位的區域，道教亦佔一席位，並顯示其與地方及國家傳統有着密切的聯繫。我們要感謝段鵬將所有這些廣泛而缺乏研究的文獻匯集到一本書中，感謝譚偉倫支持這項研究，也感謝嗇色園黃大仙祠贊助本書出版。

勞格文
2021年7月26日撰於瑞士莫倫
（此為勞格文教授序言中譯版）

前言

一提及敦煌石窟，人們腦海中馬上想到的便是佛教藝術；若提及莫高窟道教，更多地會聚焦於王道士功過的評判。以「敦煌中的道教」作為研究課題，似乎有「嘩眾取寵」、獵奇之嫌。但是，通過綜合考察敦煌地區的文化遺跡，我們發現道教遺跡可成為擴展認識敦煌文化的一個新思路。

2019 年 8 月 19 日習近平主席在敦煌研究院座談時的講話中指出：「敦煌文化是各種文明長期交流融匯的結晶。」[1]敦煌石窟是全人類的珍貴文化遺產，其中蘊含着豐富的文化信息。為拓展敦煌歷史文化的研究領域，加深人們對中華民族傳統文化的認識，增強民族共同體意識，我們開啟了本課題的研究。

課題考察的範圍：敦煌石窟和敦煌地方社會。敦煌石窟是對中國古代敦煌郡和晉昌郡（瓜、沙二州）佛教石窟的總稱，位於今甘肅省敦煌市、瓜州縣、肅北蒙古族自治縣和玉門市境內，範圍包括現在的敦煌莫高窟和西千佛洞、瓜州榆林窟、東千佛洞和水峽口下洞子石窟、肅北五個廟石窟和一個廟石窟、玉門昌馬石窟。

在宗教傳播的地域，沒有任何一個地方可以像敦煌這樣能把一千多年的歷史通過圖像、塑像的方式記錄下來，呈現在後人面前。敦煌石窟中，遺存至今的大量從開窟至民國時期的遺跡，是反映當時敦煌社會生活的重要歷史資料。最珍貴的是，敦煌石窟中所反映的文化信息，多與地方社會中的文化遺跡互為印證，這是其他任何地方都無可取代的。

敦煌地區遺存的歷史文化遺跡在中華民族的發展史中具有特殊意義。道教是中國本土宗教，但就敦煌地區的道教而言，其在學術界的關注度明顯不夠。在編寫圖錄時，我們始終注意將石窟這一特殊載體與地方社會相結合進行綜合考察，本書以歷史發展順序作為主線，以地方社會的道教遺跡作為橫切面，通過較為立體的角度呈現敦煌地區的道教遺跡及佛道融合的內容，以期對道教史、道教美術、佛道交涉研究提供一些新資料。

魏晉南北朝時期，敦煌是佛教東傳、道教文化西傳的交匯地。《魏書·釋老志》：「敦煌地接西域，道俗交得其舊式。」[2]敦煌是一個以漢文化為主體、多文化共榮的都市，而道教是漢文化中最具本土色彩的重要組成部分。在開鑿於西魏時期的 249 窟、285 窟中，出現了中國傳統神話中西王母和東王公的形象；在十六國時期的酒泉丁家閘 5 號墓前室覆斗頂窟形的壁畫中，

1　習近平：《在敦煌研究院座談時的講話》，《求是》2020 年第 3 期，頁 4。
2　［北齊］魏收撰：《魏書》，北京：中華書局，2017 年，頁 3294。

同樣繪有西王母、東王公。這是中原神話故事和神仙信仰在河西一帶流行的反映。除了佛教洞窟中出現中國傳統的神仙圖像之外，這一時期的遺跡中還有北涼石塔上的八卦、北斗七星紋樣等道教文化符號。這些文化現象反映出中國傳統文化思想與印度傳來的佛教交融的現象，是早期道教思想與外來佛教思想互相融合的體現。

唐代，大量的道教寫經和宮觀在這一時期出現。在中央王朝對道教尊崇的這一大背景下，敦煌道教迎來了大發展時期。吐蕃、歸義軍統治敦煌時期，道教更多地融入到地方社會之中。敦煌文書中遺存的舉行齋醮所使用的道教齋文，是反映當時道教與敦煌地方社會互動的珍貴材料。

西夏、元代時期，敦煌石窟中出現熾盛光佛與二十八宿、黃道十二宮、十一曜組合的圖像，是這一時期佛道融合的一個典型表現形式。

清代，隨着清政府對河西地區的經營，大量道觀同時出現在敦煌。道光《敦煌縣志》卷三《建置·廟宇》載：「西雲觀，在城西面三里，雍正八年建。」「太清宮，在東稍門外迤南，乾隆五十年建。」[3] 清代、民國時期敦煌石窟中大量出現塑像、壁畫、題記、榜文等遺跡，是道教深入民間與地方社會進一步互動的體現，也是道教在當時中國地方社會中傳播的一個縮影。敦煌地區的道教遺跡保存着豐富的歷史信息，是研究區域道教史乃至整個中國道教史的珍貴材料。從藝術水準上看，清代道教塑像、壁畫未能超越前代。但從視覺文化的角度來看，這些特殊的視覺藝術形式與更廣泛的社會、信仰、民俗和思想相聯繫，能夠更形象地再現那個時代的社會狀況。在多學科交叉的學術視野中，這樣的研究可以生發出更具意義的學術話題。

敦煌為絲綢之路重鎮，其所遺留的道教遺跡有其特殊意義。對於敦煌道教遺跡所包含着的更為廣泛而宏大的內容，需要我們進行長期的研究和探討。本書首次將敦煌道教遺跡以圖錄的形式集中展示於公眾視野，由於學識和時間的關係，存在疏誤在所難免，希望學界同仁諒解各種不足，懇請大家惠予嚴正的批評。

3　[清] 蘇履吉修，曾誠纂：《敦煌縣志》，台北：成文出版社有限公司，1970 年，頁 141。

漢、魏、兩晉、南北朝時期敦煌的道教元素

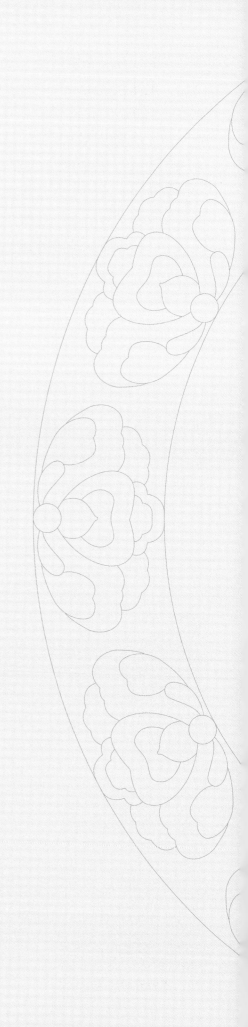

漢魏以來，敦煌即是絲綢之路通往西域的重要門戶。漢武帝開河西四郡，地處河西走廊西端的敦煌是一個以漢文化為主體、多文化共榮的都市，諸多外來的多元文化在此融匯。這一時期的魏晉墓葬、鎮墓罐、畫像磚、石窟壁畫和北涼石塔是多元文化交融的珍貴遺跡。這些文化遺跡中所見的四靈神獸、八卦、北斗七星、西王母、東王公、伏羲女媧和三足烏等信息，反映了早期佛教與中國本土文化的融合及早期道教在河西地區傳播的情況。

魏晉墓畫像磚

敦煌佛爺廟灣、新店台西晉畫像磚墓中的文化信息是敦煌漢唐文化的縮影。畫像磚在作畫施彩形式上分為彩繪和墨繪兩類，以小型單幅畫像磚為主，一般為一磚一畫，一畫一個獨立內容。畫像磚內容豐富，除分隔主體畫像磚的幾何形、花點形輔助紋式外，主要有：四神、奇禽異獸、獸面、帶有佛教色彩的瑞獸與花卉、傳奇歷史英雄與名士、墓主莊園世俗生活等主題，反映了當時河西地區佛教與中國傳統神仙信仰及世俗社會的融合。

圖 1 **西晉畫像磚墓群外景**

圖 2 西晉畫像磚墓甬道口

圖 3 魏晉青龍雕刻彩繪磚

長 33cm x 寬 16cm x 厚 6cm
2001 年佛爺廟墓群出土　敦煌市博物館藏

圖 4 魏晉白虎雕刻彩繪磚

長 33cm x 寬 16cm x 厚 6cm
2001 年佛爺廟墓群出土　敦煌市博物館藏

圖 5 魏晉朱雀雕刻彩繪磚

長 33cm X 寬 16cm X 厚 6cm
2001 年佛爺廟墓群出土　敦煌市博物館藏

圖 6 魏晉大象雕刻彩繪磚

長 33cm X 寬 16cm X 厚 6cm
2001 年佛爺廟墓群出土　敦煌市博物館藏

圖 7　**魏晉伏羲畫像磚**

長 37cm X 寬 37cm X 厚 5cm
1991 年佛爺廟墓群出土　敦煌市博物館藏

圖 8　**魏晉黿鼉畫像磚**

長 32cm X 寬 16cm X 厚 5cm
1995 年佛爺廟墓群出土　敦煌市博物館藏

圖 9　**魏晉鳳畫像磚**

　　長 33cm X 寬 16cm X 厚 6cm
　　1995 年佛爺廟墓群出土　敦煌市博物館藏

圖 10　**魏晉麒麟畫像磚**

　　長 28cm X 寬 15cm X 厚 5cm
　　1991 年佛爺廟墓群出土　敦煌市博物館藏

圖 11 魏晉鯢魚畫像磚

長 30cm X 寬 15cm X 厚 5cm
1991 年佛爺廟墓群出土　敦煌市博物館藏

圖 12 魏晉鹿畫像磚

長 30cm X 寬 15cm X 厚 5cm
1991 年佛爺廟墓群出土　敦煌市博物館藏

圖 13　**魏晉神馬畫像磚**

　　長 31.5cm X 寬 16cm X 厚 6cm
　　2000 年機場墓群出土　敦煌市博物館藏

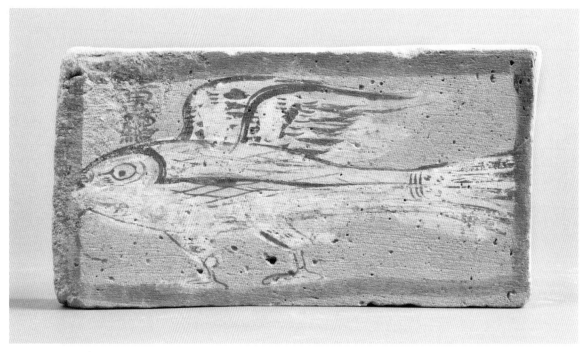

圖 14　**魏晉萬鱸畫像磚**

　　長 30cm X 寬 16cm X 厚 5cm
　　1991 年佛爺廟墓群出土　敦煌市博物館藏

圖 15　魏晉虎頭畫像磚

長 32cm X 寬 16cm X 厚 7cm
2001 年佛爺廟墓群出土　敦煌市博物館藏

圖 16　魏晉虎頭斗拱畫像磚

長 33cm X 寬 17cm X 厚 6cm
1995 年佛爺廟墓群出土　敦煌市博物館藏

圖 17　魏晉三頭獸雕刻彩繪磚

長 33cm X 寬 16cm X 厚 6cm
2001 年佛爺廟墓群出土　敦煌市博物館藏

圖 18　魏晉仁鹿雕刻彩繪磚

長 33cm X 寬 16cm X 厚 6cm
2001 年佛爺廟墓群出土　敦煌市博物館藏

圖 19　魏晉舍利（猞猁）雕刻彩繪磚

長 33cm X 寬 16cm X 厚 6cm
2001 年佛爺廟墓群出土　敦煌市博物館藏

圖 20　魏晉神馬雕刻彩繪磚

長 33cm X 寬 16cm X 厚 6cm
2001 年佛爺廟墓群出土　敦煌市博物館藏

圖 21 **魏晉三足烏墨繪磚**

長 33cm X 寬 16cm X 厚 6cm
1995 年佛爺廟墓群出土　敦煌市博物館藏

鎮墓罐

　　鎮墓罐，亦稱「五穀瓶」。20 世紀以來，在敦煌新店台和祁家灣西晉、十六國時期墓葬中多出土陶製鎮墓罐。鎮墓罐有三種形制：直口，直腹，方圓肩；侈口，直腹方圓肩；直口，鼓腹。瓶腹上有墨書或朱書鎮墓文。鎮墓文的書寫，主要是為隔離生死、使死者安息、為生人除害。鎮墓文中出現的「建除十二直」、「解注」、「青鳥（烏）子」、「北辰」、「青龍」、「朱雀」、「白虎」、「如律令」等信息，反映出當時道教和民間信仰在河西地區的影響。這些材料亦是探討早期道教發展史的珍貴資料。

圖 22　永嘉三年（309）朱書鎮墓罐

　　十六國時期　陶
　　高 6.7cm X 口徑 5.5cm X 底徑 5.8cm
　　1982 年新店台墓群出土　敦煌市博物館藏

圖 23 建興二十七年（339）墨書鎮墓罐

十六國時期　陶
高 6.6cm X 口徑 4.8cm X 底徑 4.9cm
1982 年新店台墓群出土　敦煌市博物館藏

圖 24　麟嘉八年（396）朱書鎮墓罐

十六國時期　陶
高 7cm X 口徑 4.4cm X 底徑 4.2cm
1980 年佛爺廟墓群出土　敦煌市博物館藏

北涼石塔

　　北涼石塔是北涼時期（397–439）雕刻的佛教文物遺存，它們是上世紀在武威、酒泉、敦煌、吐魯番等地陸續發現的。北涼石塔的造型源於犍陀羅供養塔，由寶蓋、相輪、覆缽丘、圓柱形塔身、八角形基座等部分組成。一些八面形塔基上刻有八卦符號，「高善穆塔」寶頂上刻有北斗七星圖案，反映了佛教文化與中國傳統文化之間的融合。

圖 25 敦煌三危山石塔

高 36cm X 底徑 13cm
1981 年 5 月三危山王母宮出土
敦煌市博物館藏
八面基座上刻人像八身，右上端各刻八卦符號，塔身下部刻發願文及《贈一阿含·結禁品》。

圖 26 敦煌沙山石塔

高 59cm X 底徑 20cm
1966 年楊家橋沙山塔龕內出土
敦煌市博物館藏
八面基座上刻人像八身，八卦符號刻在每面上端。

圖 27 敦煌岷州廟石塔（局部 1）

殘高 96cm X 直徑約 48cm
1943 年敦煌岷州坊的一座廟中出土
敦煌研究院藏
此塔是向達先生於 1943 年在敦煌岷州坊
的一座廟中發現，是現今所知北涼石塔中
最大的一座。《甘肅通志·金石志》卷三
載：此塔「為雍正時，黨河水暴發時得之，
同時又得石獅二，托塔天王石像一，四尺
高。石佛二，今俱完好，存岷州廟」。

圖 28 敦煌岷州廟石塔（局部 2）

西魏時期莫高窟壁畫

圖 29 莫高窟第 249 窟內景

莫高窟第 249 窟建於西魏初。單室，平面方形。正壁開一圓卷形大龕，窟頂
覆斗形，為從事禮拜的殿堂窟。

圖 30 莫高窟第 249 窟　窟頂東披

圖 31 玄武、烏獲、力士　莫高窟第 249 窟　窟頂東披

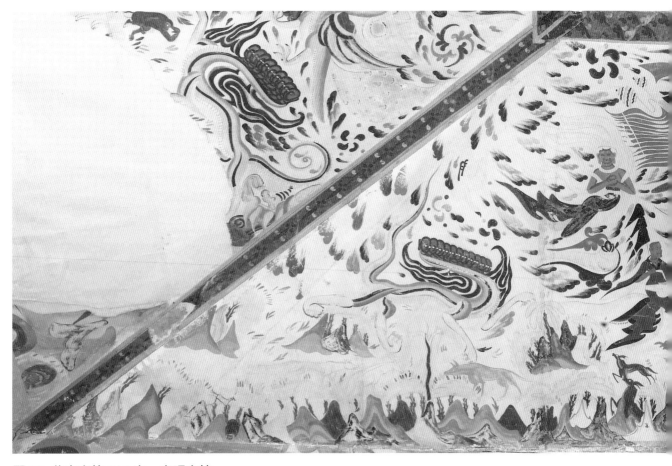

圖 32 莫高窟第 249 窟　窟頂南披

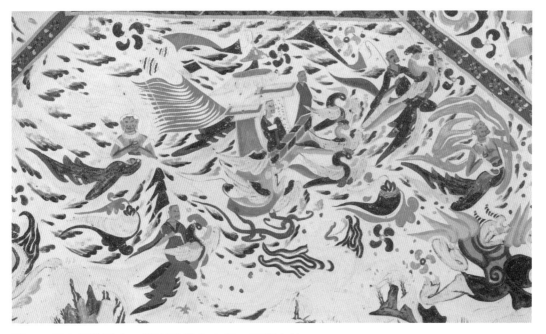

圖 33 西王母馭鳳車　莫高窟第 249 窟　窟頂南披

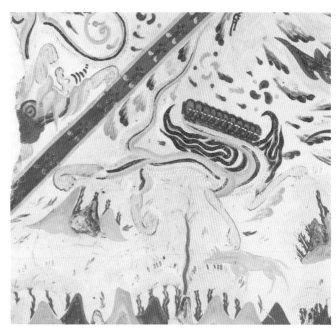

圖 34　開明神獸　莫高窟第 249 窟　窟頂南披

圖 35 莫高窟第 249 窟　窟頂西披

圖 36　雷公、辟電、金翅鳥　莫高窟第 249 窟　窟頂西披

圖 37　風伯、雨師、飛天　莫高窟第 249 窟　窟頂西披

圖 38 東王公　莫高窟第 249 窟　窟頂北披

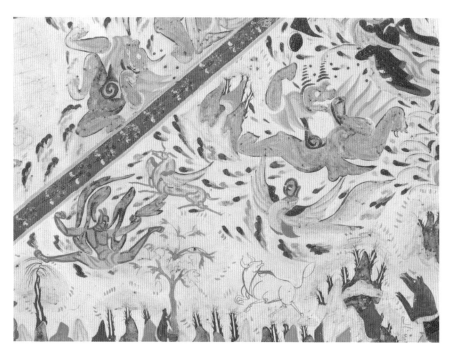

圖 39 羽人、飛廉、烏獲　莫高窟第 249 窟　窟頂北披

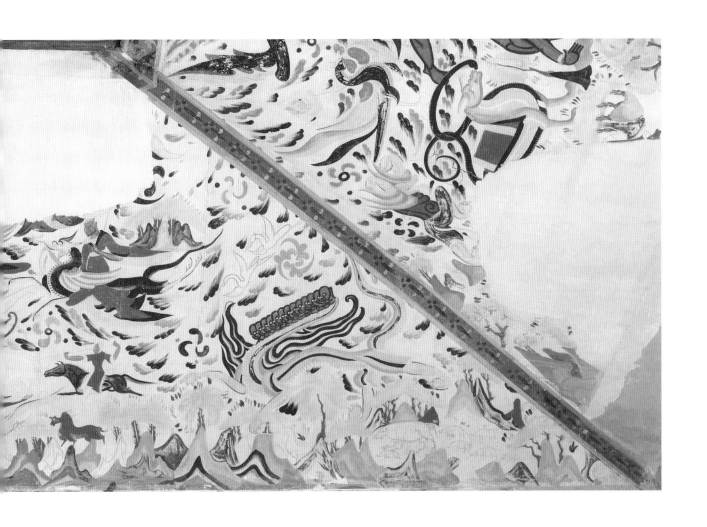

圖 40 莫高窟第 285 窟　窟頂東披

圖 41　伏羲、女媧　莫高窟第 285 窟　窟頂東披

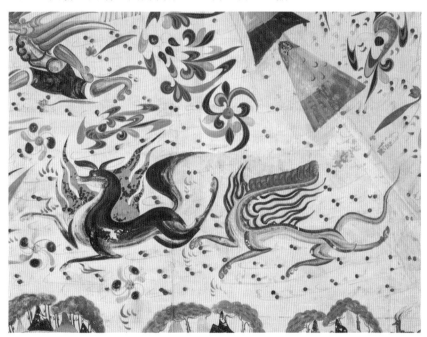

圖 42　飛馬、開明　莫高窟第 285 窟　窟頂東披

圖 43　天空諸神　莫高窟第 285 窟　窟頂南披

圖 44 飛天、摩尼寶珠　莫高窟第 285 窟　窟頂南披

圖 45 天空諸神　莫高窟第 285 窟　窟頂西披

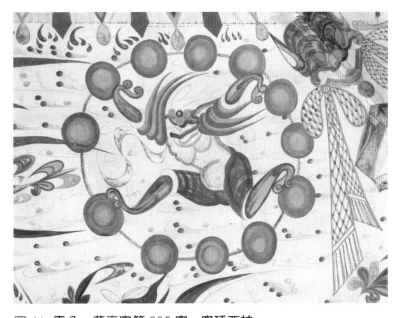

圖 46　雷公　莫高窟第 285 窟　窟頂西披

圖 47　莫高窟第 285 窟　窟頂北披

　敦煌道教遺跡選萃

圖 48　辟電　莫高窟第 285 窟　窟頂北披

圖 49　飛天、飛馬、烏獲　莫高窟第 285 窟　窟頂北披

北周時期莫高窟彩塑

圖 50 莫高窟第 297 窟　西壁龕楣

　　莫高窟第 297 窟為北周時期洞窟，西壁正龕彩塑是一
鋪保存基本完好的北周彩塑，西壁龕楣南、北兩側有羽
人像，南側已脫落，現僅存北側羽人像。

圖 51 羽人像　莫高窟第 297 窟　西壁龕楣

羽人像位於西壁龕楣北側,這身彩塑羽人高 0.5 米,是
這一題材彩塑唯一倖存的精品。羽人是中國古代神話中
「臂化為羽」乘龍升天的仙人。北朝後期,頻頻出現在
佛教石窟裏,或畫或塑,反映出當時中國傳統神仙思想
與佛教思想的相互融合。

西夏、元代敦煌石窟中的道教遺跡

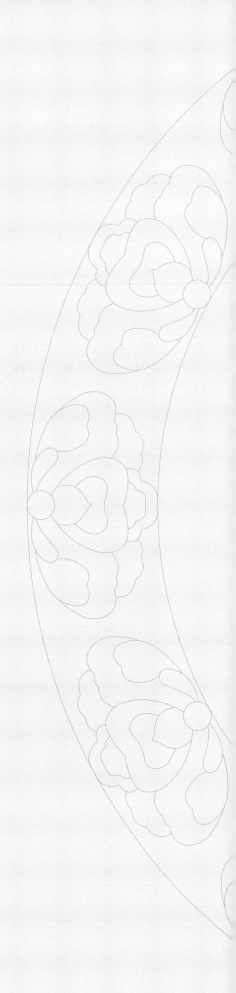

敦煌莫高窟

　　西夏、元代時期在莫高窟第 61 窟和五個廟石窟第 1 窟中所出現的
熾盛光佛與二十八宿、黃道十二宮、十一曜組合，是這一時期佛道融合
的一個典型表現形式。

圖 52　熾盛光佛、二十八宿、黃道十二宮　莫高窟第 61 窟　甬道南壁

　　莫高窟第 61 窟甬道南壁所繪為熾盛光佛巡行圖，畫面中熾盛
光佛手執金輪，乘雙輪車，周圍有九曜星神簇擁；頂部彩雲間
繪二十八宿神像，每宿繪作一文官形象，雙手持笏，每四神一
組，乘雲飛行虛空；中間穿插繪以黃道十二宮。

圖 53 二十八宿、黃道十二宮、樂女、助緣僧　莫高窟第 61 窟　甬道北壁

　　莫高窟第 61 窟甬道北壁殘毀嚴重。頂部彩雲間繪二十八宿神像，每宿繪作一文官形象，雙手持笏，每四神一組，存五組；中間繪黃道十二宮，存九宮。

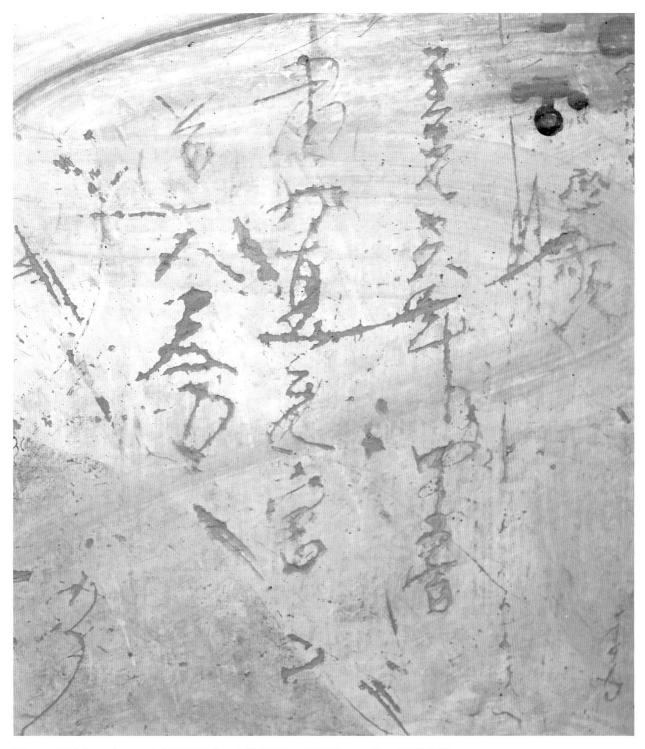

圖 54　**至元六年（1269）「肅州道人」刻劃題記　莫高窟 126 窟　甬道南壁**

題記內容為：

至元六年甲丑日，
肅州真元宮
道人奏（？）。

肅北五個廟石窟

　　肅北五個廟石窟為敦煌石窟群之一，位於今甘肅省肅北蒙古族自治縣城西北約 20 公里的黨河北岸峭壁上，坐北朝南，因主要有五個洞窟，俗稱五個廟（蒙古族稱石窟為「廟」，五個廟即五個石窟）。五個廟石窟最早開鑿於北朝晚期，約在曹氏歸義軍晚期到西夏時期，五個廟石窟進行過較大規模的重修、重繪。壁畫題材均為晚期敦煌石窟的流行題材，第 1 窟東壁的熾盛光佛圖是西夏以後石窟、寺院較流行的內容，壁畫中的熾盛光佛、九曜星神、二十八宿、黃道十二宮組合是反映當時佛道融合的珍貴材料。

圖 55 **肅北五個廟石窟　外景**

圖 56 肅北五個廟石窟

圖 57　熾盛光佛及二十八宿、黃道十二宮　肅北五個廟石窟第 1 窟　東壁

壁畫構圖採取中軸對稱形式，中央為主尊熾盛光佛，主尊左、右手
均托金輪，結跏趺坐於蓮座上。兩側內容以三層佈局，下端為九曜
星簇擁熾盛光佛，中間以二十八宿神像分列左右兩側，上部圓圈內
繪黃道十二宮分列兩側。

圖 58 熾盛光佛左側二十八宿、黃道十二宮（局部） 肅北五個廟石窟第 1 窟 東壁

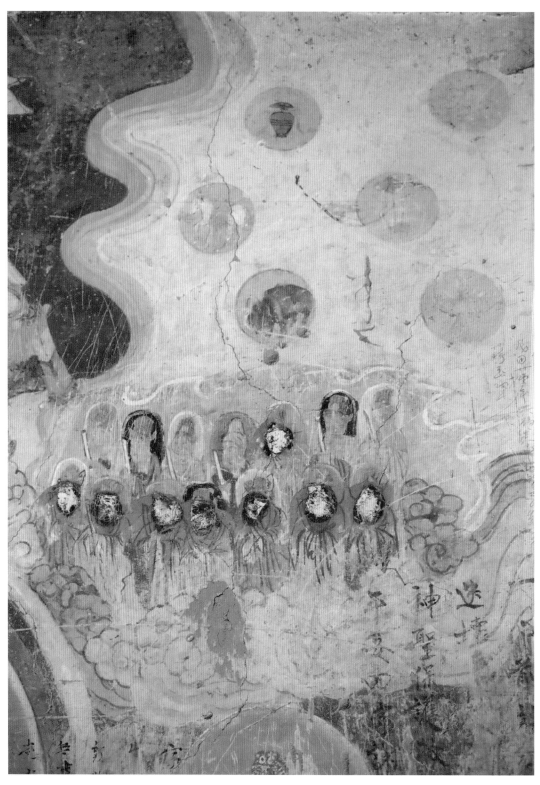

圖 59　熾盛光佛右側二十八宿、黃道十二宮（局部）　肅北五個廟石窟第 1 窟　東壁

　敦煌道教遺跡選萃

圖 60　熾盛光佛左側二十八宿（局部）　肅北五個廟石窟第 1 窟　東壁

圖 61　熾盛光佛右側二十八宿（局部）　肅北五個廟石窟第 1 窟　東壁

西夏、元代敦煌石窟中的道教遺跡　　　59

清代、民國時期的敦煌道教

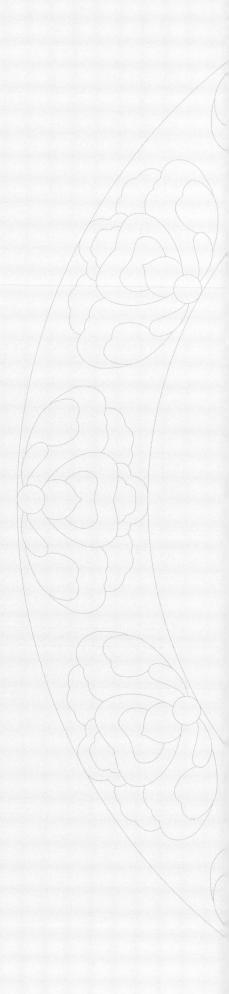

清代、民國時期，莫高窟遺存的道教塑像、壁畫、題記及道士與地方社會的互動遺跡，是道教在當時中國地方社會中傳播的一個縮影。敦煌地區道教遺跡中的豐富信息對於區域道教史乃至整個中國道教史的研究均具有重要意義。

敦煌莫高窟

敦煌莫高窟俗稱「千佛洞」，始建於公元 366 年。窟群建於今甘肅省敦煌市東南 25 千米處的鳴沙山東麓、宕泉河西岸斷崖上。坐西朝東，面向三危山。西晉時曾稱「仙岩寺」，十六國前秦時正式名為「莫高窟」，隋末唐初曾稱「崇教寺」，元代稱「皇慶寺」，清末又稱「雷音寺」。現存石窟分十六國北涼、北魏、西魏、北周、隋、唐（分為初唐、盛唐、中唐、晚唐）、五代、宋、回鶻、西夏、元共 11 個時代，歷時一千多年。南區 492 個，洞窟較密集，均有彩塑或壁畫；北區洞窟編號有 243 個，大部分洞窟沒有壁畫和塑像，主要是古代僧侶生活、修行窟以及埋葬僧人遺骨的瘞窟等。保存壁畫 4.5 萬多平方米、彩塑二千多身、唐宋木構窟簷建築 5 座，現存窟龕總數為 735 個。洞窟中保存的道教遺跡是認識不同時期道教在敦煌地區傳播的珍貴材料。莫高窟第 249、285 窟保存的東王公、西王母、伏羲女媧等中國傳統神仙圖像是認識早期佛道交涉的重要材料。

圖 62　敦煌莫高窟外景

圖 63 藥王、文昌及二侍童　莫高窟第 1 窟　主室西壁龕內

圖 64 莫高窟第 2 窟　主室內景

　敦煌道教遺跡選萃

圖 65 **五嶽大帝　莫高窟第 2 窟　主室西壁**

主室西壁塑五嶽大帝，兩側塑有判官立像兩
身；南、北兩壁分塑十王真君坐像；前有牛
頭、馬面站像。

圖 66　十王真君及馬面　莫高窟第 2 窟　主室南壁

圖 67　十王真君（局部）　莫高窟第 2 窟　主室北壁

　敦煌道教遺跡選萃

圖 68　摩利支天大聖先天斗姥元君　莫高窟第 3 窟　主室西壁龕內

斗姥跏趺坐於假山上，座下有小型豬頭顯現，為北斗七星之
化身。頭已殘缺，有八臂，每臂上戴釧。主體左手掐玉清
訣，右手持天印；最頂端手持物已殘，應為日、月；第二對
手，左手持弓，右手持三支箭；第三對手，左手持量天尺，
右手持索。

圖 69　真武大帝　莫高窟第 4 窟　主室西壁

主室中心佛壇上存有道教神像十九身，主尊為真武大帝。

70 周公像　莫高窟第 4 窟
中心佛壇前北側

圖 71　周公持《周易卜筮風后星學》
莫高窟第 4 窟　中心佛壇前北側

周公左手持一書，上有題名《周易卜
筮風后星學》。

圖 72　桃花仙子像
莫高窟第 4 窟
中心佛壇前南側

圖 73 八仙及南極仙翁像　莫高窟第 5 窟　主室西壁

塑像在主室西壁龕內，馬蹄形佛床上。主尊為騎仙鶴的南極仙翁，白鬍鬚，上額前凸；西、南、北壁分列八仙，八仙與南極仙翁的組合，突出八仙慶壽的主題。

圖 74　南極仙翁像　莫高窟第 5 窟　主室西壁

圖 75　無生老母及二侍者像　莫高窟第 10 窟　南壁龕內

　　此窟位於莫高窟第 9 窟前室南壁，坐南朝北。

圖 76 王靈官及侍從像　莫高窟第 11 窟　北壁龕內

　　此窟位於莫高窟第 12 窟前室北壁，坐北朝南。王靈官身着武將裝束，衣帶
飄舉，額頭上有一目，右手持金鞭，左手持三角金磚，金磚上塑有一目，靈
官身後清畫墨色雲龍為背景。左側童子捧印，右側童子捧仙簡。

圖 77 孫悟空像　莫高窟第 13 窟　南壁龕內

此窟位於莫高窟第 12 窟前室南壁，此窟坐南朝北，孫悟空像坐於南壁正龕龕沿
上，頭戴緊箍、左手伸二指並攏指地、右手高舉金箍棒。孫悟空塑像還見於榆林
窟東崖山門。

圖 78 同治四年（1865）八卦紋鐵鍾　莫高窟第 17 窟　前室北側

現懸掛於莫高窟第 17 窟前室北側。鐵質，造型古樸凝重，鐘紐為橋形，肩部飾一周乳釘，鐘體有鑄字，近鐘裙處飾一道凸弦紋，下面分佈一周乳釘。鐘體中部是一周銘文區，鑄有捐資者、鑄鐘匠人姓名，有年款：「同治四年四月初八日叩獻」。鐘體下端八耳波狀口，耳廓較大，每耳上有一八卦符號和太極紋樣。

圖 79 八卦紋鐵鍾（局部）
　　　莫高窟第 17 窟　前室北側

圖 80 莫高窟第 20 窟　主室西壁全景

圖 81 雷公、電母像
莫高窟第 20 窟　主室西壁

左為電母、右為雷公，電母雙手
持電鏡；雷公，鳥嘴，後有翅膀，
身繞雷音鼓，左右手持物已殘。

圖82「太上老君急急如律令」題寫
莫高窟第34窟　前室西壁門北

題記內容：

　　昨夜夢不祥，
　　今朝書在牆。
　　太陽來臨見，
　　凶凶化吉祥。
　　　吾奉
太上老君急急如律令，千年大吉。

圖83 太上老君像　莫高窟第94窟　中心佛壇前

窟內有：「老君洞」、「老君洞來朝東開，眾姓弟子進香來」、「佛以慈悲觀自在，我從歡喜見如來，道光二十五年諷經正乙弟子李大福叩」等題寫，該窟塑像和題記反映了清代道教及太上老君信仰在敦煌地區的傳播情況。

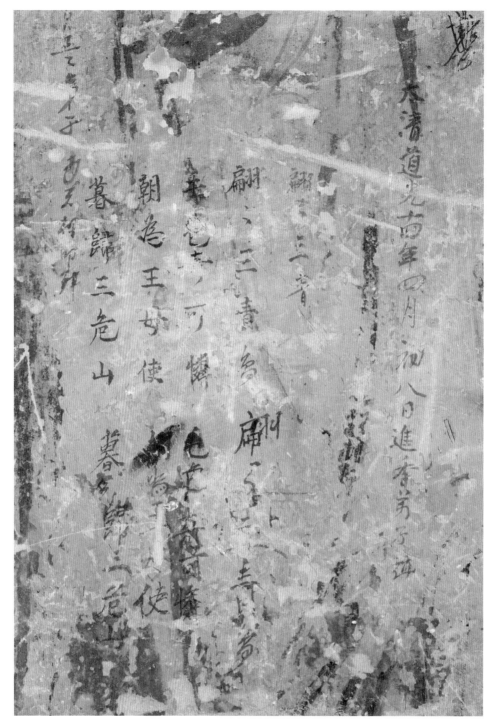

圖 84　道光十四年（1834）「王母翩翩三青鳥」題記　莫高窟第 94 窟　甬道北壁

題記內容：

大清道光十四年四月初八日進香弟子趙
　　　翩翩三青鳥，
　　　毛色奇可憐。
　　　朝為王母使，
　　　暮歸三危山。

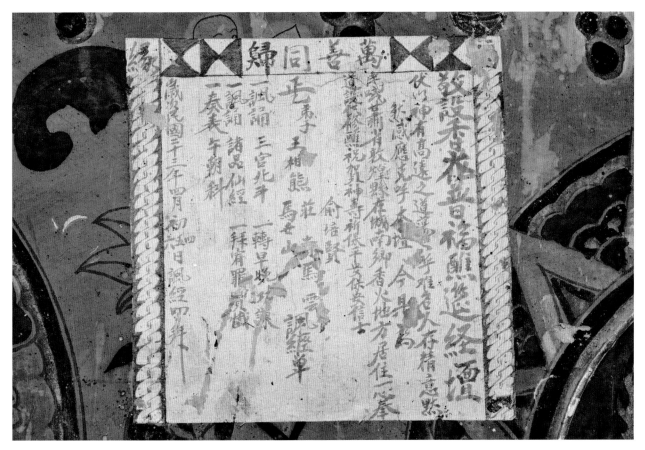

圖 85　民國二十三年（1934）《敬設香花普福醮筵榜》　莫高窟第 94 窟　甬道北壁

榜文自右至左直書。榜文正上方橫書「萬善同歸」四字，左右兩角有「福」、「緣」二字。榜文內容如下：

1.　　敬設香花普福醮筵經壇。
2.　　伏以，神有高遠之道，蕩蕩呼（乎）難名；人存精意默
3.　　　　　然，感應克呼。本壇今具為
4.　　民國甘肅省敦煌縣在城南鄉香火地方居住，一心奉
5.　　道設供修醮、祝賀神壽、祈保平安、保安信士
6.　　　　　　　　俞培賢
7.　　正乙弟子　王相熊　莊 貴 馬雲　諷經單
8.　　　　　　　　馬世山
9.　　一諷誦《三官》、《北斗》。　　一轉早晚功課。
10.　　一諷誦　諸品仙經。　　　　一拜《宥罪寶懺》。
11.　　一奏表午朝科。
　　　　　　　　　四
12.　　歲次民國二十三年四月初五日諷經叩拜。
　　　　　　　　　六

圖 86　莫高窟第 95 窟　主室北側後甬道口

圖 87　大清嘉慶二十二年（1817）諷經墨書題記
　　　莫高窟第 95 窟　主室後甬道門北

題記內容：

大清嘉慶二十二年七月七日道德臘之
辰，西寧府縣西川鎮海堡人唐成斗、
唐明九、石頭匠溝人山有銘、王敦
銘，同來此地進香。在於大佛殿內諷
《金剛》《彌陀》經各一卷，太上諸品
仙經寶號祈　消愆滅罪、早超彼岸、
天下太平、共樂昇平之世也。

圖88 莫高窟131窟 主室全景

此窟主尊為真武祖師，兩側塑四大元帥，南壁為：
馬元帥、溫元帥；北壁為：趙元帥、岳元帥。

圖89 真武及周公、桃花仙子 莫高窟131窟 主室西壁龕內

圖 90 莫高窟第 138 窟　馬蹄形中心佛壇

莫高窟第 138 窟位於窟區最南端，清代重修前室窟簷及改修或重塑主室佛壇上的塑像。
《伯希和敦煌石窟筆記》記錄此窟為「百子觀音仙姑殿」。中心佛壇上現存清代改修或彩
塑像十四身，南北兩壁繪女侍者四身。塑像主要是送子娘娘、碧霞元君、眼光娘娘、瘢
疹娘娘、子孫爺、痘神、護法武將及脇侍等主管求子、護童的神祇。在主室南、北和西
壁上還遺留了一些做護童過關煞儀式時使用的黃紙。該窟的清代遺存是研究敦煌地區娘
娘信仰及求子、護童儀式的珍貴材料。

圖91　八臂菩薩　莫高窟第138窟　馬蹄形中心佛壇前

圖92 侍者繪像　莫高窟第138窟　馬蹄形中心佛壇北壁

圖93 侍者繪像　莫高窟第138窟　馬蹄形中心佛壇南壁

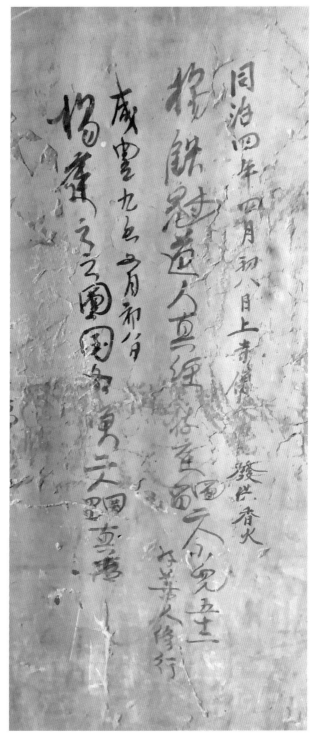

圖94「楊鐵冠道人」墨書題寫　莫高窟第138窟　甬道北壁

題記內容：

同治四年四月初八，上寺僧人覺發供香火。
楊鐵冠道人真經樹庭^圖二人，小兒五十二；
好善人修行。
咸豐九年四月初八日。
楊庭之之圖國各？二人圖真常。

圖 95　太上老君像　莫高窟第 143 窟　主室西壁龕前

圖97 許遜天師像　莫高窟第143窟
　　　主室東壁門南

圖96 張道陵天師像　莫高窟第143窟
　　　主室東壁門北

**圖98 嘉慶十年（1805）「龍門洞道人」、「雲門派比丘」共同朝山墨書題記
莫高窟第148窟　甬道二門北側門框旁**

該窟甬道二門南、北側門框旁對稱書寫有二條題記，根據其書法特徵，應為一人書寫。內容為：「敕賜文殊寺雲門派下洪戒丘比（比丘）□□」；「龍門洞金符山（景福山）授戒第（弟）子張來德至嘉慶十年九月廿一日朝禮」。就在同年同月同日，僧人洪戒和道士張來德的活動還見於莫高窟第153窟，該窟拱形門頂北，題寫有：「大清嘉慶十年九月廿一日 五涼玄門 肅州釋門，弟子傳授，龍門派下第十三代張來德 雲門派下第十二代能舟 朝禮仝叩」。

圖 99　清代西雲觀道人墨書題記　莫高窟第 148 窟　東壁

題記內容：

大清陝西安沙州西雲觀出家道人馬合瀋叩

圖100　東嶽大帝及十方救苦天尊　莫高窟第150窟　主室北壁下端

壁畫西端領首坐者為東嶽大帝，東嶽大帝手持玉圭，頭戴王冠，身披青色法帔，兩肩上繪有日、月。後隨十方救苦天尊中的五位立像，最後為鬼奴。

圖101　南嶽大帝及十方救苦天尊　莫高窟第150窟　主室南壁下端

壁畫西端領首坐者為南嶽大帝，南嶽大帝手持玉圭，頭戴王冠，通身着紅色朝服，後隨十方救苦天尊中的五位立像，最後為鬼奴。

圖 102 判官、鬼卒　莫高窟第 150 窟　主室東壁門北下端

圖 103　判官、鬼卒　莫高窟第 150 窟　主室東壁門南下端

圖104 真人、元帥　莫高窟第150窟　前室南壁

　敦煌道教遺跡選萃

圖 105 牛頭鬼將 莫高窟第 150 窟 甬道北壁

圖 106 馬面鬼將 莫高窟第 150 窟 甬道南壁

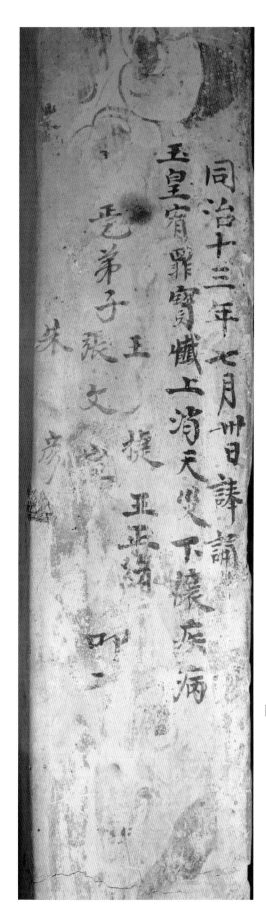

圖 107 同治十三年（1874）
諷誦《玉皇宥罪寶懺》墨書題記
莫高窟第 150 窟　甬道門南

題記內容：

同治十三年七月卅日，誦誦
《玉皇宥罪寶懺》，上消天災，下禳疾病。
　　　　　王　捷　王正緒
　正乙弟子　張文宣　　　　　叩。
　　　　　朱　彥

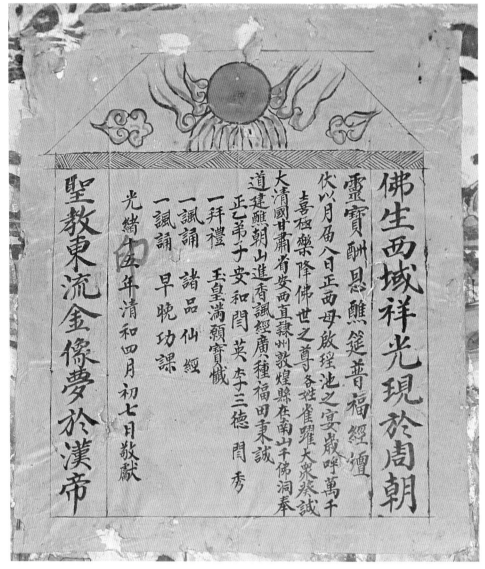

圖 108 光緒十五年（1889）《靈寶酬恩醮筵普福經壇榜》
莫高窟第 152 窟　主室東壁門南

清光緒十五年四月八日期間，道教在莫高窟建醮的榜文。榜文上方有赤日樣。榜文有烏絲
欄，左右欄內有對聯。上聯為：「佛生西域，祥光現於周朝」；下聯作：「聖教東流，金像
夢於漢帝」。榜文內容為：

1. 靈寶酬恩醮筵普福經壇。
2. 伏以，月屆八日，正西母啟瑤池之宴；歲呼萬千，
3. 　喜極樂降佛世之尊。各姓雀躍，大眾葵誠。
4. 大清國甘肅省安西直隸州敦煌縣在南山千佛洞，奉
5. 道建醮、朝山進香、諷經廣種福田，秉誠
6. 　正乙弟子安和、閆英、李三德、閆秀，
7. 　一拜禮　《玉皇滿願寶懺》。
8. 　一諷誦　諸品仙經。
9. 　一諷誦　早晚功課。
10. 光緒十五年（「十五年」三字上有朱筆「印」字）清和四月初七日敬獻。

圖 109 民國二十年（1931）《靈寶酬恩醮筵普福經壇榜》
莫高窟第 152 窟　甬道北壁

榜文自右至左直書。榜文中，「奉外為此合行須」及「二十年四月」上鈐「靈寶大法司」朱印。
榜文內容為：

1.　　　□…□普福醮□…□
2.　　伏以□…□祥，大造無私於景貺；一誠報□，□情可
3.　　　□…□有□祈，克獲感通。本壇今具為
4.　　民國甘肅省敦煌懸在千佛山地方居住，一心奉
5.　　道設醮修善、答報佛恩、祈保清平，保安信士，合郡人等，
6.　　　□□□錄合郡男女，眾姓人等，是日百叩上干
7.　　聖聽。意者，言念眾等生居中土，命
8.　　　□□，出作入息，深荷
9.　　　□□福庇，行藏語默，每賴
10.　聖主隆恩，常懷報答，恒思皈崇，茲直（值）良辰，虔修
11.　　　□□。由是卜吉，辛未歲四月初四、五、六日，延
12.　　　□□□□庭，□□修設
13.　　　□寶普福善筵經壇一中，以今等因，仰乞
14.　　　□…允下情，本壇得此，除已依
15.　修奉外，為此合行，須至榜者。
16.　　　　　　　　右榜通知
17.　　　　　　　　　馬世山
18.　一奉奏正乙弟子安長年、李興基
19.　　　　　　　　　保保子
20.　一奉誦　早晚功課。　　　　　　一拜禮《玉皇寶懺》。
21.　一奉誦　《三官》、《北斗》。
22.　一奉誦　《真武》、《十一耀（曜）》。　一奉奏正表一通。
23.　民國二十年四月初五（「初五」二字朱書）日宣
24.　　　　　　　　押
25.　榜示　　　　張掛廟庭外。

圖 110 乾隆四十年（1775）武當山道人四月八朝山墨書題記　莫高窟第 166 窟　主室南壁

題記內容：

武當山太玄道人真陽子，今
乾隆四十年四月初八日到此朝山。

圖 111　王靈官像　莫高窟第 209 窟　主室西壁佛壇

王靈官像武將裝束，額頭繪一天眼，右手持金鞭，左手持三角金磚，金磚
上有一目，左右有二站立配神。靈官神情猙獰，作勢揮鞭欲擊，有警醒、
監察世人莫要為惡之寓意。

圖 112 王靈官配神　莫高窟第 209 窟
主室西壁佛壇南側

　　配神兩足中間有一猴，捧桃。

圖 113 王靈官配神　莫高窟第 209 窟
主室西壁佛壇北側

　　配神兩足中間有一鬼奴，作跪狀。

圖 114 「藏儠洞」題寫　莫高窟第 222 窟　主室東壁門上

圖 115　莫高窟第 222 窟　　主室西壁全景

圖 116　**呂洞賓像　莫高窟第 222 窟　　主室西壁龕內**

塑像頭戴純陽巾，身着通身黃色道袍，兩手放置膝
上，龕前北側塑柳樹精。清代、民國時期呂祖信仰在
敦煌地區最為流行，莫高窟第 138 窟前廊南壁即有關
於呂祖的題寫：「呂祖詩，真分善惡兩條河，功亦受來
過亦受。堂前劬勞徒未報 ⊏⊐ 」。

圖 117 柳樹精　莫高窟第 222 窟　主室西壁龕外北側

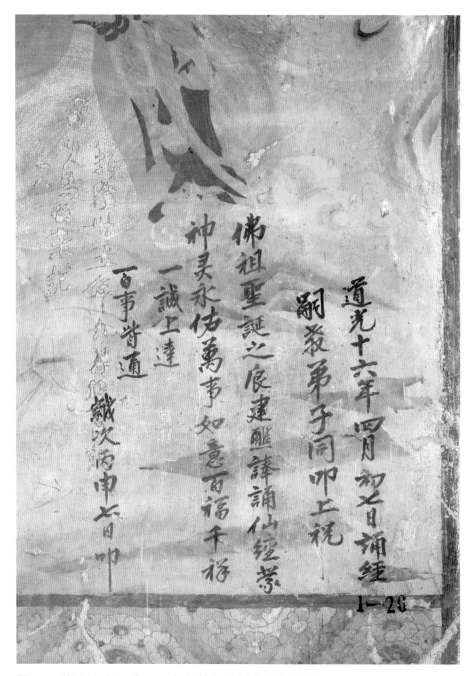

圖118　道光十六年（1836）嗣教弟子朝山墨書題記
莫高窟第 237 窟　主室東壁門北

題記內容：

> 道光十六年四月七日誦經，
> 　嗣教弟子同叩上，祝
> 佛祖聖誕之辰，建醮讚誦仙經，蒙
> 神靈永佑，萬事如意、百福千祥、
> 　一誠上達、
> 　百事皆通，
> 　　　　歲次丙申七日叩。

圖 119 道光十七年（1837）嗣教弟子朝山墨書題記
莫高窟第 237 窟　主室東壁門南

題記內容：

　　道光十七年歲次丁酉戊申朔甲寅日，
　　嗣教弟子誦經恭祝：
　佛祖　萬壽無疆。

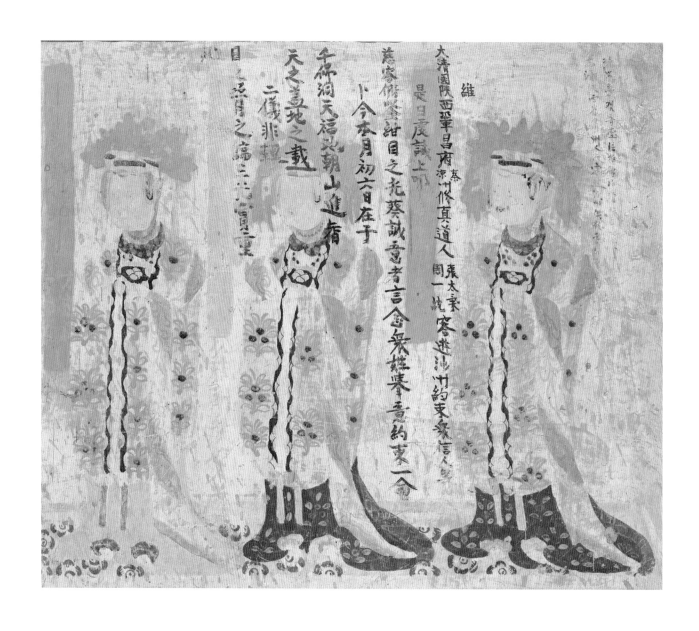

圖 120　清代「陝西鞏昌府修真道人」墨書題記　莫高窟第 302 窟　主室東壁

題記內容：

維

大清國陝西鞏昌府^{秦州}修真道人^{張太氣}，客遊沙州約束眾信人等。
　　是日虔誠上叩
慈容‧俯鑒紺目之光，葵誠意者，言念眾姓舉意約束一會，
　　卜今本月初六日在于
千佛洞天福地，朝山進香。
天之蓋，地之載，
　　二儀非輕，
日之照，月之臨，三光實重
此。

圖 121 莫高窟第 350 窟　主室西壁全景

圖 122 張道陵天師像　莫高窟第 350 窟　主室西壁龕內

天師身騎虎，雙手藏於袖，與敦煌火神廟壁畫天師
像風格相近。

圖 123 玉皇及二天師像　莫高窟第 366 窟　主室西壁龕內

　　該窟位於三層樓最頂端，雙龍盤柱為龍門形，頂端書大字
「統治百神」，龕內塑玉皇，兩側立二天師像。

圖124「龍虎山道人」墨書題記　莫高窟第454窟　甬道北壁

題記內容：

江南松江□挂居，龍虎山玄□道□上香。

圖125　乾隆元年（1736）「武當會建醮」墨書題記　莫高窟第454窟　主室北壁

題寫內容：

乾隆元年四月初七武當會一會人等到此建醮。

圖126 乾隆十八年（1753）「玄門弟子、僧人」朝山墨書題記
莫高窟第454窟　甬道南壁

題記內容：

臨洮狄道州　玄門弟子朱成相、
大清乾隆十八年四月初八日誦經、　　　　　二人虔叩。
臨洮狄道州　報恩寺僧人照永、

圖127 光緒元年（1875）正乙弟子墨書題記　莫高窟第454窟　主室東壁

題記內容：

唐　瑞、
光緒元年四月初八日正乙弟子閆雪方、閆英。
安春在、

圖 128 **畫屏　莫高窟第 454 窟　中心佛壇南壁**

壁畫以六扇屏風畫作為一個整體，畫面內容以諧
音表現：一路連科、安居樂業、河清海晏、攜琴
訪友、玉堂富貴、松鶴延年等吉祥寓意。

圖 129　畫屏　莫高窟第 454 窟　中心佛壇北壁

壁畫以六扇畫屏風作為一個整體，畫面內容以諧音表現：祿必回頭、錦上添花、指日高升、英雄際會、官上加官、富貴根基等吉祥寓意。

圖 130　畫屏局部　莫高窟第 454 窟　中心佛壇南壁

圖 131 畫屏局部　莫高窟第 454 窟　中心佛壇南壁

圖 132　畫屏局部　莫高窟第 454 窟　中心佛壇北壁

圖 133 畫屏局部 莫高窟第 454 窟 中心佛壇北壁

圖 134　**道士王圓籙在三層樓前　1907 年　斯坦因拍攝**

圖 135　**王圓籙墓塔　莫高窟前**

道士王圓籙，湖北麻城人。本名圓籙，一作元錄，又作圓祿。家貧，為衣食計，逃生四方。清光緒初，入肅州巡防營為兵勇，奉道教、後離軍、受戒為道士，道號法真。約光緒二十三年（1897）至敦煌莫高窟。在窟南區北段，清理沙石，供奉香火，收受布施，兼四出布道募化，於莫高窟第 16 窟東側重修太清宮，即今「下寺」。光緒二十六年（1900）夏，發現藏經洞，王圓籙打開藏經洞後，即報告敦煌縣令，但由於當時清政府腐敗無能，加之王道士自身文化修養和急於修廟等原因，致使從 1905 年起，敦煌文物大量流失。

王圓籙墓塔位於宕泉河東岸，坐北向南，塔中鑲嵌着 1931 年王圓籙亡故百日後其徒趙明玉、徒孫方至福所立《太清宮大方丈道會司王師法真墓誌》。墓誌木質陰刻，高 174 厘米、寬 75 厘米，碑額中央篆刻「功垂百世」四字，兩旁各刻一龍，正文四百三十一字，四周陰刻回形紋飾，其文略載王道士事跡。

圖 136　募緣簿　封面

封面題寫此次募化的緣由：「千佛洞重修改建各佛洞募化」，文本中有「中華民國十玖年」年款，最後附「會末」22人名單。

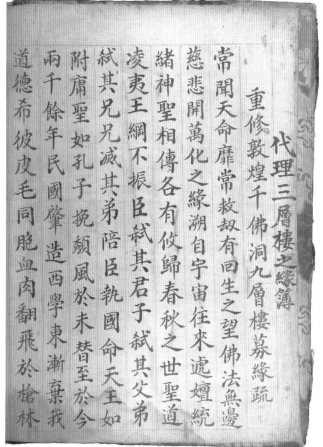

圖 137　募緣簿　內頁

此為募緣簿首頁，首題《代理三層樓之緣簿》、《重修敦煌千佛洞九層樓募緣疏》。

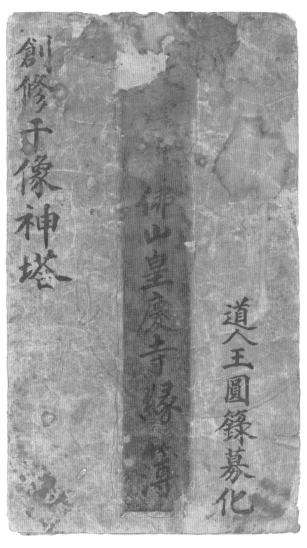

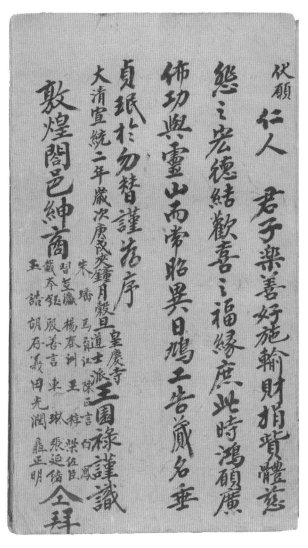

圖 138　道人王圓籙創修千像塔募緣簿
**　　　封面　敦煌市博物館藏**

　　此為道人王圓籙募化簿，封面正中題寫
《敦煌千佛山皇慶寺緣簿》，左上角題此次
募化的緣由：「創修千像神塔」，右下角題
「道人王圓籙募化」。

圖 139　道人王圓籙創修千像塔募緣簿
**　　　內頁　敦煌市博物館藏**

　　此頁題寫「大清宣統二年歲次庚戌夾鐘月
穀旦_{清十派}王園祿謹識」年款，並附「敦煌閣
邑紳商」16 人名單。

莫高窟三清宮

　　三清宮又叫太清宮，俗稱「下寺」。位於莫高窟三層樓東側，與藏經洞相對。清光緒三十四年（1908），道士王圓籙主持重修，現為「敦煌藏經洞陳列館」。大殿中保存有《三清說法圖》、《老子一氣化三清》等壁畫，是研究當時三清信仰的珍貴材料。

圖 140 莫高窟三清宮

圖 141 清光緒戊申年（1908）三清宮牌匾　莫高窟三清宮

　　牌匾懸掛於大門正中，中間題寫大字「三清宮」，左側
　　書：「光緒戊申蕤賓月新修郭維德學書」，右側書：「楚
　　北雲遊沐浴住持王圓祿，弟子 趙明裕 創修」。
　　　　　　　　　　　　　　　　　 姚明善

圖 142 二道人像　三清宮　大門西側　　　　圖 143 二僧人像　三清宮　大門東側

圖144　壁畫全景　三清宮　大殿西壁

圖 145　三清說法圖　三清宮　大殿西壁

圖 146　元始天尊及二真人像　三清宮　大殿西壁

圖147 **元始天尊及仙仗圖 三清宮 大殿西壁**

元始天尊端居正中，左右兩側侍立真人，
前有香爐及十二位真人列成仙仗。

圖 148　靈寶天尊及真人像　三清宮　大殿西壁

圖 149　道德天尊及真人像　三清宮　大殿西壁

圖 150 吉祥圖案　三清宮　大殿西壁下端

圖 151　壁畫全景　三清宮　大殿東壁

圖 152 老子一氣化三清　三清宮　大殿東壁

圖 153 老子像　三清宮　大殿東壁

圖 154 吉祥圖案　三清宮　大殿東壁下端

圖 155 古代人物故事畫　三清宮　大殿西壁山口

圖 156　古代人物故事畫　三清宮　大殿東壁山口

圖 157 真人及護法神將　三清宮　大殿前廊西壁

圖 158 真人及護法神將　三清宮　大殿前廊東壁

圖 159 耕、讀及蘭、竹圖　三清宮　大殿前廊西壁山口

圖 160 漁、樵及花卉圖　三清宮　大殿前廊東壁山口

圖 161　鳳皇　三清宮　大殿前廊西過梁枋

圖像為一彩繪鳳鳥展翅、翹尾，俯頸回望，兩爪分前後持戟。
圖像繪製依據來源於《山海經》。

圖 162　應龍　三清宮　大殿前廊東過梁枋

圖像為一彩繪行龍，龍身主題藍色，背部雙翼外展，龍神周圍
祥雲圍繞。圖像繪製依據來源於《山海經》。

敦煌三危山老君堂

　　三危山，西起莫高窟前宕泉水（大泉河）東岸，向東延綿六十里。自莫高窟遠望，三峰危峙，故名「三危」。三危山蘊涵着豐富的文化，道教神仙老君、西王母於此有豐富的傳說。山中曾出土北涼石塔，唐、五代時期的天馬紋模印磚、龍紋模印磚、鳳紋模印磚等珍貴文物，三危山老君堂原建有「慈氏之塔」，該塔建於宋初，1981 年遷往莫高窟前陳列保護。另外，三危山中還有一些唐、五代時期的寺廟遺跡。三危山中遺存至今的道教廟宇主要為民國時期修建。1928 年道士王永金、李元貞在山中修建王母宮。民國十八年（1929），玄門弟子李理全、高理坤等於三危山主峰東南麓老君堂修建三聖殿，現存重陽祖師殿、三聖殿、混元洞、地母殿和天王殿等建築。

圖 163　三危山老君堂全景

圖 164 三聖殿

圖 165 重陽祖師殿

圖 166　地母殿

圖 167　天王殿

圖 168　太上老君及二童子像　三危山老君堂　混元洞

敦煌西雲觀

　　西雲觀位於敦煌市西郊，是清代恢復敦煌建置後最早興建的道觀之一。道光《敦煌縣志》卷三《建置‧廟宇》載：「西雲觀，在城西面三里，雍正八年（1730）建。」西雲觀現為敦煌市道教協會駐地。觀內保存有大量的道教題材壁畫，其內容主要有：八仙、玄天上帝、雷部將帥、王靈官聖跡、唐王遊地府、《西遊記》等，是研究清代以來道教在河西地區傳播的重要材料。

圖 169　敦煌西雲觀

圖 170　王靈官聖跡圖 1　西雲觀　救苦殿　北壁東圖

　　畫面由多個場景構成，筆法精煉，人物畫輪
廓清晰，色彩明晰。人物置身於山水之間。

圖 171 王靈官聖跡圖 2　西雲觀　救苦殿　南壁東圖

圖 172　唐王遊地府 1　西雲觀　救苦殿　北壁西圖

　　畫面由多個場景構成，繪畫精美，在人物
的帽飾、鎧甲之處多以瀝粉堆金的手法體
現，使人物形象更為生動。

圖 173 唐王遊地府 2　西雲觀　救苦殿　南壁西圖

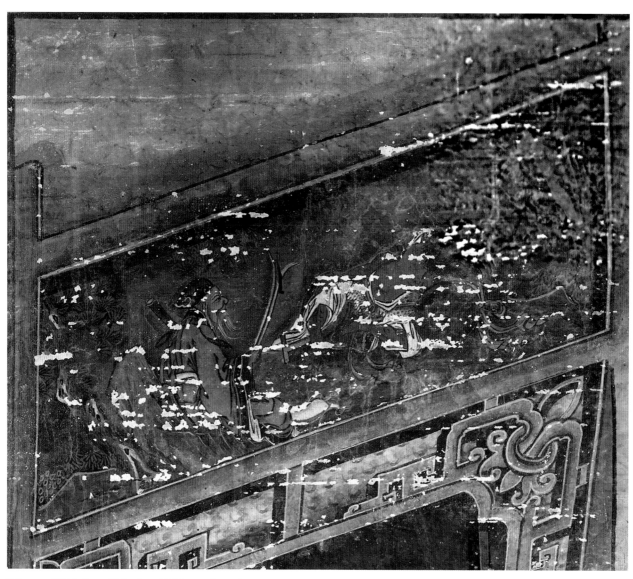

圖 174 張果老、鐵拐李　敦煌西雲觀　救苦殿太乙救苦天尊背屏上端

圖175 曹國舅、呂洞賓　敦煌西雲觀　救苦殿太乙救苦天尊背屏上端

圖176 南極仙翁　敦煌西雲觀　救苦殿太乙救苦天尊背屏上端

清代、民國時期的敦煌道教　　　153

圖 177 漢鍾離、韓湘子　敦煌西雲觀　救苦殿太乙救苦天尊背屏上端

圖 178 何仙姑、藍采和　敦煌西雲觀　救苦殿太乙救苦天尊背屏上端

圖 179　五雷鄧元帥　敦煌西雲觀　元帥殿東壁

圖 180 洞神劉元帥、神雷石元帥　敦煌西雲觀　元帥殿北壁

圖 181　豁落王元帥、雷門畢元帥　敦煌西雲觀　元帥殿北壁

圖 182 都督趙元帥、靈官馬元帥　敦煌西雲觀　元帥殿北壁

圖 183 地祇楊元帥、玉府劉元帥　敦煌西雲觀　元帥殿北壁

圖 184 火德謝天君、監生高元帥　敦煌西雲觀　元帥殿北壁

圖 185 雷門苟元帥　敦煌西雲觀　元帥殿西壁

敦煌火神廟

　　敦煌火神廟，清嘉慶十一年（1806）三月，由敦煌知縣潘浩、典
史范廷璋倡修，道光《敦煌縣志》卷三《建置·廟宇》載：「火帝廟，
在城東關北面，嘉慶十一年建。」敦煌火神廟是河西地區現存唯一一座
祭祀火神的道教建築，此建築墀頭、廊心牆磚雕構圖精美，為河西地區
道教建築之精品。大殿建築平面佈局呈「凸」字形，後殿五開間，前殿
三開間，樑架結構為前部卷棚頂懸山式結構。大殿內東西壁的壁畫繪製
於清道光年間，現殘存張天師出巡、王靈官聖跡等內容，是了解清代河
西火神信仰的珍貴材料。

圖 186 **外景　敦煌火神廟**

圖 187 **前殿　敦煌火神廟**

圖 188　　圖 189 　　圖 190

圖188 **清道光二十二年（1842）脊檁題記　敦煌火神廟　大殿**

　　大殿脊檁上題字：「大清道光二十二年歲次壬寅桂月，
　　知州銜敦煌縣知縣韓賜麟，典史孟浩率闔屬士庶商賈
　　軍民人等，捐助重新金裝綵繪告竣謹誌。」

圖189 **清嘉慶十一年（1806）樑題記　敦煌火神廟　大殿**

　　大殿樑上題字：「大清嘉慶拾壹年歲次丙寅三月，敦煌
　　縣知縣潘浩，典史范廷璋率闔屬紳士商民人等捐修。」
　　與道光《敦煌縣志》卷三《建置・廟宇》載：「火帝廟，
　　在城東關北面，嘉慶十一年建。」所載火神廟修建時
　　間相吻合。

圖190 **清道光二十二年（1842）脊檁題記　敦煌火神廟　前殿**

　　前殿脊檁題字：「大清道光二十二年歲次壬寅桂月，敦
　　煌縣署燕山弟子彭雲嵐倡捐重新金粧綵繪，捐錢壹佰
　　兩，外豎桅杆壹對，布旗壹對，合錢銀捌拾伍兩，告
　　竣謹誌。」

圖 192 張天師出巡（局部） 敦煌火神廟大殿　東壁

圖191 張天師及王靈官出巡（局部） 敦煌火神廟大殿　東壁

此為大殿東壁上端殘存壁畫局部。畫面主要表現的
是張天師、王靈官出巡。畫中「帥」字旗開道，張天
師着朱衣，頭戴寶冠，手持笏板，騎虎，身後有二
道童跟隨，上端有雷公，最後為王靈官。畫中多採
用堆金瀝粉的方法，增添了畫面的立體感。

圖193 宮殿（局部） 敦煌火神廟大殿　東壁

圖 194　薩真人收王靈官（局部）　敦煌火神廟大殿　西壁

此為大殿西壁上端殘存壁畫局部。畫面表現的是薩真人收王靈官的情景。王
靈官着朱衣，頭戴寶冠，手掐訣，身後有三人跟隨，一人持帥旗，一人捧
金鞭，一人殘存頭部；老者為薩真人，手捧敕書，前後有二童子持幢幡，身
後有宮闕，上方和身後各有一將帥跟隨。畫面以雲彩補充空隙，以此襯托仙
境。畫中多採用堆金瀝粉的方法，增添了畫面的立體感。

榆林窟

　　榆林窟，又名「榆林寺」、「萬佛峽」，位於今甘肅省河西走廊西端瓜州縣（原名安西縣）西南 70 千米的峽谷中。石窟開鑿在東、西兩岸的峭壁上。榆林河水從峽谷中穿流而過，兩岸榆樹成林，石窟因此而得名。榆林窟創建於初唐（7 世紀初），歷經唐、五代、宋、回鶻、西夏、元、清各代。現存洞窟 43 個，包括東崖 32 窟、西崖 11 窟。現存壁畫約 5,200 多平方米，彩塑 200 餘身。石窟寺前留存有山門、佛塔、化紙樓等文物建築。清代洞窟多為道教洞窟，其中的塑像、壁畫與題記是認識清代、民國時期道教、民間宗教、民間信仰在河西地區傳播的珍貴材料。

　　清代、民國時期，全真道士虔心守護榆林窟，石窟中的壁畫、彩塑得以受到保護。特別是為存於榆林窟的國寶象牙佛，幾位道長為此付出了生命，可歌可泣。最終由最後一代住持郭元亨道長，將用生命珍藏的象牙佛捐給人民政府。1941 年于右任先生巡視河西之際遊覽榆林窟時作《萬佛峽紀行詩》：

隋人墨跡唐人畫，宋抹元塗覆幾層；不解高僧何事去？獨留道士守殘燈。

層層佛畫多完好，種種遺聞不忍聽；五步內亡老道士，十年前毀一樓經。

　　真實的描述了當時道士護持榆林窟的場景。

圖 195 榆林窟東崖

圖 196 榆林窟全景

圖 197　榆林窟西崖

　　敦煌道教遺跡選萃

圖 198 榆林窟第 1 窟全景

　　該窟東壁龕內有山神、土地像。土地為老者像，持杖；山神為武將像著鎧甲，手殘。龕內以花鳥、山水畫屏五扇為背景。龕兩側有二配神，南側為夜叉攜虎；北側為判官攜犬。窟門上端有泥匾，殘存文字：「真空無相，離相而非更（？）真之真；妙道無言，絕言而非殊妙之妙。」

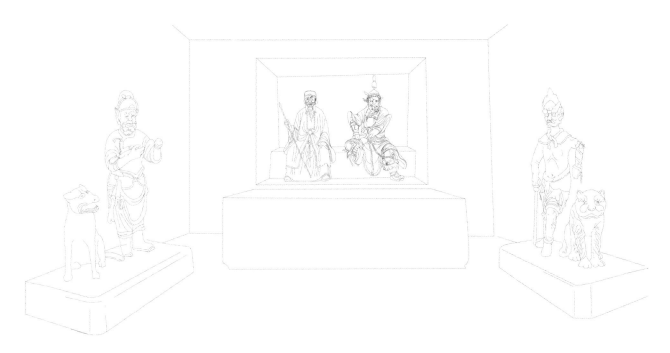

圖 199 榆林窟第 1 窟東壁塑像線描圖

圖 200 山神、土地像　榆林窟第1窟　東壁龕內

圖 201 山神、土地像線描圖　榆林窟第1窟　東壁龕內

圖 202 夜叉攜虎像　榆林窟第 1 窟　主龕南側　　圖 203 判官攜犬像　榆林窟第 1 窟　主龕北側

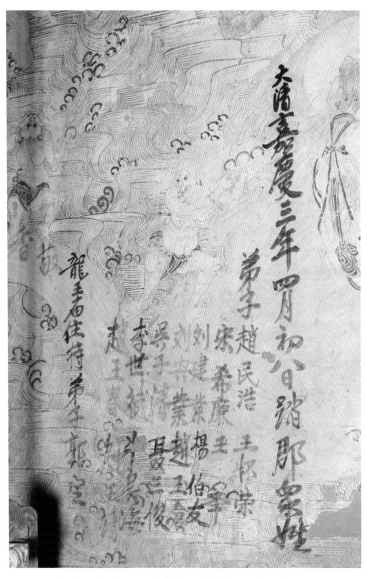

圖204 嘉慶三年（1798）「龍王廟主持及踏郡弟子進香」墨書題記　榆林窟第3窟　西壁門南

題記內容：

大清嘉慶三年四月初八日踏郡眾姓
　　弟子趙民浩　王懷榮
　　　宋希廉　王　夆
　　　劉建業　楊伯友
　　　劉興業　趙玉倉
　　　吳子清　聶三俊
　　　李世斌　牛良海
　　　趙王春　□玉靖
龍王廟住持弟子郭定
　　　敬
　　香

龍王廟，為清代安西地區的道教廟宇，題記內容反映出當時榆林窟與民間社會的密切關係。

圖 205　道光十八年（1838）佛、道二教弟子朝山墨書題記　榆林窟第 6 窟　一層甬道北壁

題記內容：

　　　　　　文□玉滿積無量功德
　　　　　　眾列成行吾□□□□
　　　　　　信不免無常言□□君，
　　　　　　白學□銀燒丹煉藥苦弗
　　　　　　參吾下金木水火土□或
　　　　　　山林釋迦　雪山脩禪苦
　　　　　　行六年功成滿吾下生老
　　　　　　病死苦寂滅歸空
　　　道光十八年四月初一日朝山
　　　　　　釋子劉理璋沐手叩
　　　　　　玄門弟子朱慶壽篆名妙香□□
　　　　　　　　　　　　　王□□
　　　降（隨）緣墜慶玄□□楊□□　　　叩
　　　　　　　　　　安智

釋子劉理璋的活動還見於榆林窟第 41 窟，榆林窟第 41 窟前室刻劃有：「雪燉劉理璋」。

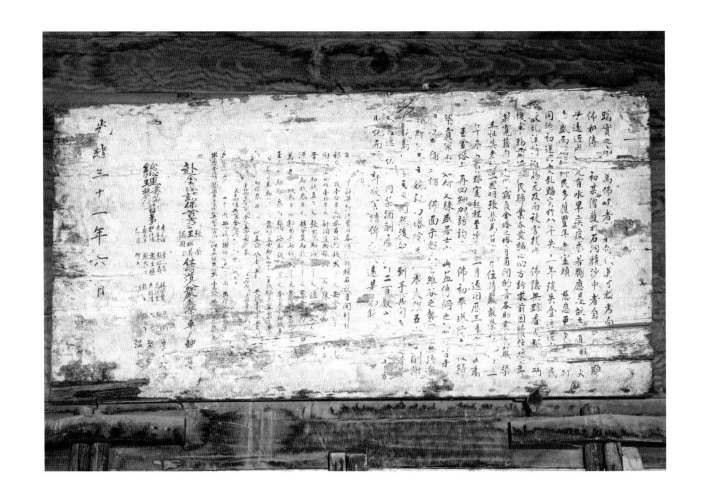

圖 206　光緒十一年（1885）「請回象牙佛文」木匾　榆林窟第 6 窟　窟前小院門內

「請回象牙佛文」木匾，現懸掛於榆林窟 6 號窟前小院門內，有「光緒十一年」紀年題記，白底墨書，內容敘述了象牙佛失而復得的經過。全文如下：

踏實之南，有萬佛峽者，創于何代，莫可稽考。向有象牙
佛，相傳　國初某僧獲於石洞積沙中者。自象　佛顯
世，遠近咸知，凡有水旱疾疫求若響應。是故嘉道間香火
最盛。而踏城鄉民多獲豐年者，寔賴　慈悲更多矣！孰料
同治初逆回變亂，踏實於八年失，十一年復失，叠遭逆害，戶民
散亂，住持道楊元及而被害。從此　佛隱無蹤，香火斷絕。嗣
後，軍務肅清，戶民歸業，各發誠心，四方訪求。前因續住持李
教寬籍內地避難，竊負金塔之塔寺，甫聞的音，各助囊金，公舉渠
正：工祖英、老務：溫國明、張榮為首事，並住持嚴教榮，於光緒三
十年冬月自踏實起程。至次年二月返回，歷三月之久，由肅
州至金塔者再四細加訪詢。象　佛初奉塔院寺，後歸
梁貢家中，如何又歸盛居士家，此蓋傳聞之說，人皆未之

見也。雖備細情　佛面未睹。大有維谷之勢，困之無法，邀
請紳士善言婉說，與塔院寺助香火銀五十金，酬謝
梁、盛兩家，書立合同，然後如來到手。其間唇舌交錯，道
路往返一切費用，茶酒酬應，約計二百數十金，全賴十方
助施而成也。詳敘實情，俾垂久遠是為敘。

　　　　　計開：
所有出入布施並往返費用各項銀錢糧石數目開列於後：
福盛西助錢壹拾串文誌實泰昌公助錢貳千文　　安永年助小麥叁斗
同順玉助錢壹拾串文　解潤有助銀貳　兩　　柳陳大爺助小麥壹石
晉泰統助錢五　串　文　張虎威助錢四千文　　倉溫克公助煙土六兩
源盛興助錢叁　串　文　趙登鰲助錢叁千文　　安西五營鄉約公助錢四千文
萬順厚助錢叁　串　文　郭尚英助錢貳千文　　安西四隅兵戶共助錢五拾六千文
正興和助銀叁　　兩　張　海助錢五百文　　奔巴兔合戶助錢壹拾千文
安西營都司馬助銀壹兩　每路橋子各處助銀四十五兩五錢　踏實三渠共助小麥壹拾
五石六斗壹升
住持嚴教榮助銀　叁拾兩　　以上共入銀八十壹兩五錢　共入錢壹百乙拾三千五百
文　合銀八十一兩七分貳厘
共入小麥壹拾六石九斗一升｜｜｜合銀五拾兩七錢三分　入煙土六兩｜｜合銀壹兩貳錢
　　　　以上四項共總合銀貳百壹拾四兩五錢貳厘
出塔院寺布施銀五十兩　　　出徐稿爺謝儀銀叁拾兩　出往返盤費銀壹佰八兩
三套大車一名　共計五人每
輪車戶一日用銀壹兩貳分　　　　出肅州金塔請人說合酒席並送水禮共銀叁拾兩　以上
共總出銀貳百壹拾八兩
除此外尚不敷銀叁兩四錢九分八厘
　　　　　　張　　榮
赴金塔請佛首事王祖英住持道人嚴教榮　　車戶魏成貴
　　　　　　溫國明
　　　　李元福　李元壽　楊登鰲　張元訓
　　　　李善榮　張福壽　聶從雲　張元順　李興瑞
總理募化布施錢項首事魏泮清　高立福　李得清　王祖章　張興善
　　　　李述年　張大年　張松年　張保年　溫聚元
　　　　張　鳳　賀大林　劉正業
光緒三十一年六月　日

圖 207　象牙佛外立面　國家博物館藏

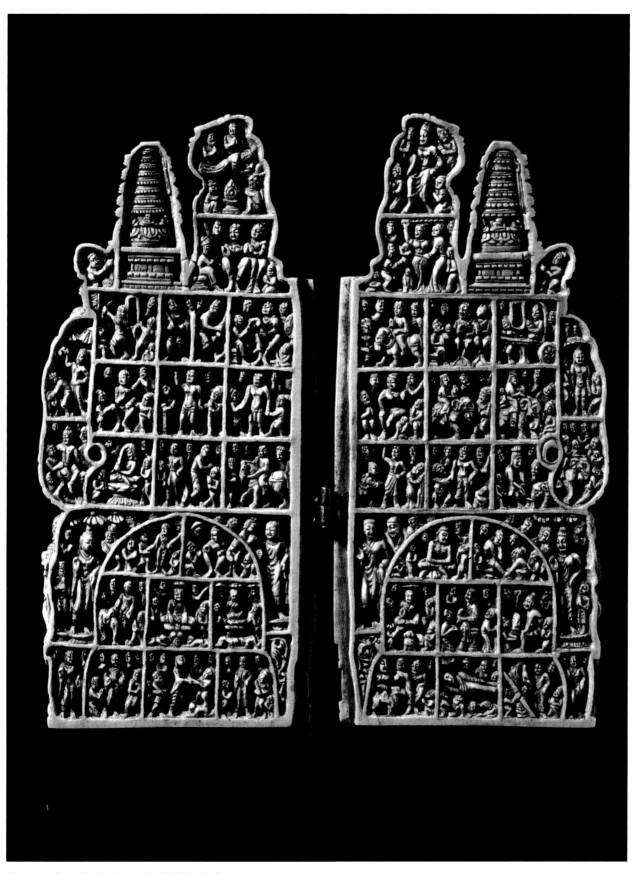

圖 208　象牙佛內立面　國家博物館藏

圖 209 道光元年（1821）「坤德無私」木匾 榆林窟第 6 窟 窟前牌樓

木匾正中書：「坤德無私」四個大字，兩側書小字：「踏實地方
居住弟子叩獻，李興隆，大清道光元年四月初八日立」。反映
出當時瓜州地區的后土信仰。

圖 210 八仙　榆林窟第 6 窟　中心佛壇前龍門形雙龍盤柱

中心佛壇前塑彌勒佛，佛前塑寶瓶蓮株成龍門形，雙龍盤柱：頂端
中間懸塑南極仙翁，仙翁身騎白鶴，柱上懸塑八仙分列兩側。

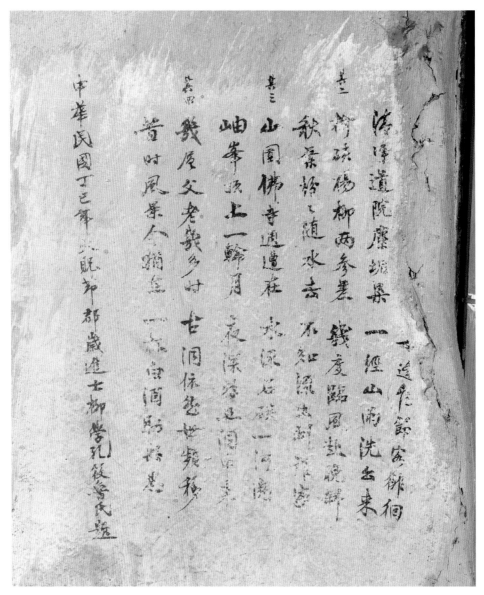

圖 211 民國丁巳年（1917）「天貺節」墨書題記　榆林窟第 6 窟　二層門南西壁

題記內容：

其一 □□□□□□□，每逢佳節客徘徊。
　　　清淨道院塵垢梁，一經山雨洗出來。
其二 榆硤楊柳槎參差，幾度臨風赴晚斜。
　　　秋葉紛紛隨水去，不知流出到誰家。
其三 山圍佛寺週遭在，水流石硤一河開。
　　　岫峯頂上一輪月，夜深轉照洞中來。
其四 幾層父老幾多時，古洞依然世頻移。
　　　昔時風景今猶在，一杯白酒助興思。
　　　中華民國丁巳年天貺節郡歲進士柳學孔筱魯氏題。

六月初六日「天貺節」是道教的重要節日，源於北宋真宗時期。《宋史》
卷八《真宗紀二》載：「以六月六日天書再降日為天貺節」。

圖 212　太上老君及二道童像　榆林窟第 7 窟　東壁龕內

　　東壁龕內正中塑太上老君，左右兩側有二道童。老君身後有火焰紋背光，
頭光內有盤龍圍繞，身光中左右兩側有童子像。

圖 213 丘處機、王重陽、張道陵及二道童像　榆林窟第8窟　東壁

東壁龕內正中塑祖師像三身，左右兩側有二道童。中間為全真教祖師王重
陽，左側為龍門派祖師丘處機，右側為張道陵天師。塑像後繪有山水、人
物、花鳥屏風六扇為背景，南、北兩壁各畫花卉屏風三扇，北壁繪畫上有題
寫「三危山榆窟僧繪」。祖師塑像置身於山水畫面之中，凸顯出道家追求道
法自然的意境。

圖 214 丘處機、王重陽、張道陵及二道童線描圖　榆林窟第8窟　東壁

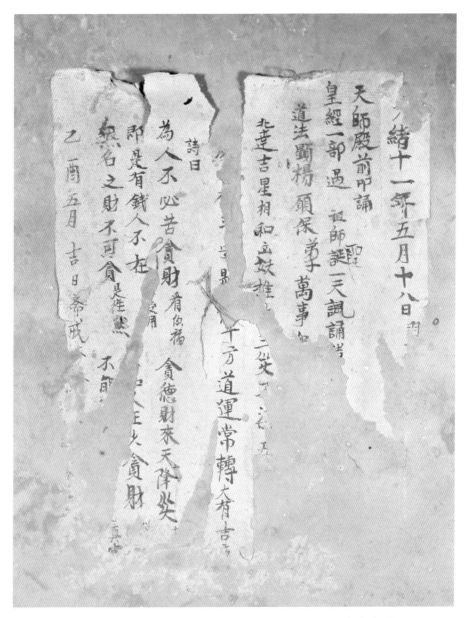

圖 215 **光緒十一年（1885）黃紙貼文　榆林窟第 8 窟　主室南壁**

黃紙貼文見於主室南壁，墨書，殘存文字為：

光緒十一年五月十八日羽士
天師殿前叩誦
《皇經》一部遇　祖師聖誕一天，諷誦諸品仙經
　　道法顯揚，願保弟子：萬事如意□□
　　北達吉星相和，凶妖推□三災□□
□□ 十方，道運常轉，大有吉慶
詩曰：
為人不必苦貪財，看你福；貪德（得）財來天降災，□□□。
即是有錢人不在，誰受用；不如人在少貪財，□□□。
無名之財不可貪，是往（枉）然，不能□
乙酉五月吉日齋戒沐浴

圖216 白虎神將　榆林窟第10窟　主室西壁門北　圖217 青龍神將　榆林窟第10窟　主室西壁門南

塑像頭戴白虎帽飾，上身着黑袍，武將裝　　　塑像頭髮上束，上身着紅袍，武將裝束，
束，衣褶富有動勢；左手執袍，右手殘，　　　衣褶富有動勢；左、右手均殘。
神像後遺存脫落的狼牙棒。

圖218 榆林窟第11窟　主室全景

　　此窟主室東、南、北壁五龕內塑道教神像五身，主尊
為九天應元雷聲普化天尊，配以風、雨、雷、電四
神。反映出宋元以降雷神信仰在地方社會的影響及農
業傳統社會對風雨應時的渴求。

圖219　九天應元雷聲普化天尊
　　　榆林窟第11窟　主室東壁

主尊九天應元雷聲普化天尊，頭戴朝天寶
冠，武將裝束，騎獨角麒麟，左手掐三山
訣，右手持笏板，笏板上有北斗七星，四
周塑山形。

圖220　九天應元雷聲普化天尊線描圖
　　　榆林窟第11窟　主室東壁

圖 221　風伯　榆林窟第 11 窟　主室東壁

風伯頭戴芙蓉冠，通身着紅色蟒袍，袍上
所飾蟒紋、水波紋多以瀝粉堆金表現，體
現出立體美感。

圖 222　風伯線描圖　榆林窟第 11 窟　主室東壁

圖 223 雨師　榆林窟第 11 窟　主室東壁

雨師包巾束黑髮、通身着寶藍色衣，左手
持淨瓶，右手作握拳狀，袍上雲紋處多以
瀝粉堆金表現，體現出立體美感。

圖 224 雨師線描圖　榆林窟第 11 窟　主室東壁

圖 225　電母像　榆林窟第 11 窟　主室北壁龕內

電母頭戴寶冠，雙手持光鏡，身着通肩披
衣，衣中雲紋及花紋處多以瀝粉堆金表
現，體現出立體美感。

圖 226　電母線描圖　榆林窟第 11 窟　主室北壁龕內

圖 227　雷公　榆林窟第 11 窟　主室南壁龕內

雷公頭戴寶冠，左手持錐，右手持錘。

圖 228　雷公線描圖　榆林窟第 11 窟　主室南壁龕內

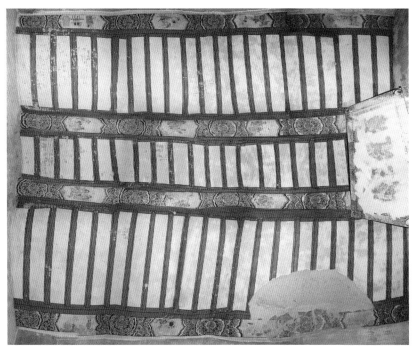

圖 229 「人字披」形窟頂
榆林窟第 11 窟

窟頂繪椽、檁傳統建築構架，形象的表現出中國傳統建築中的人字披形，窟頂中間雙排繪有八仙及女仙像，兩側繪有花卉及吉祥圖案。

圖 230 嘉慶二十六年（1819）
「澤流汪濊」泥匾
榆林窟第 11 窟
主室東壁上方

泥匾上書大字：「澤流汪濊」，題寫有年款：嘉慶貳拾陸年陸月。匾四角繪有太極圖案，上、下方以花卉、梅花、水紋為裝飾；匾上方中間繪有身騎白鶴、手持如意的南極仙翁，四周五彩祥雲圍繞，巧妙的佈局與窟頂人字披中所繪八仙相呼應，融為一整體。

圖 231 南極仙翁　榆林窟第 11 窟
主室東壁泥匾

圖232 女仙像 榆林窟第11窟 窟頂西端

身騎瑞獸的女仙為麻姑，手中捧瓶，
寓意「平安」、瓶中化出蝙蝠，寓意
「五福」。

圖233 女仙像 榆林窟第11窟 窟頂西端

二女仙手持仙草、荷鋤，頭頂有蝙蝠紋，
繪有猿猴獻果和鹿，寓意福、祿及長生。

圖 234 鐵拐李、何仙姑　榆林窟第 11 窟　窟頂

　　鐵拐李身側葫蘆中有祥雲徐徐升起，雲氣內化
現瑞獸。

圖 235 藍采和、曹國舅　榆林窟第 11 窟　窟頂

　　藍采和背花籃、曹國舅左手持笏板，身側祥雲
徐徐升起，雲氣內化現北斗七星。

圖 236 張果老、呂洞賓　榆林窟第 11 窟　窟頂

呂洞賓頭戴華陽巾、手持拂塵、身背寶劍；
張果老持漁鼓，中有祥雲徐徐升起，雲氣內
化現毛驢。

圖 237 鍾離權、韓湘子　榆林窟第 11 窟　窟頂

鍾離權手持羽扇，羽扇上方有祥雲徐徐升起，
雲氣內化現寓意長壽的仙鶴。

圖 238 榆林窟第 12 窟　主室東壁全景

塑像位於馬蹄形佛床上，共 9 身，主尊為樂土孫思邈，
南北兩側為歷代神醫像。

圖 239　藥王孫思邈及二侍童　榆林窟第 12 窟　主室東壁

藥王頭戴寶冠，身着紅色蟒袍，左右立有二童子，
持紅色葫蘆及托盤。

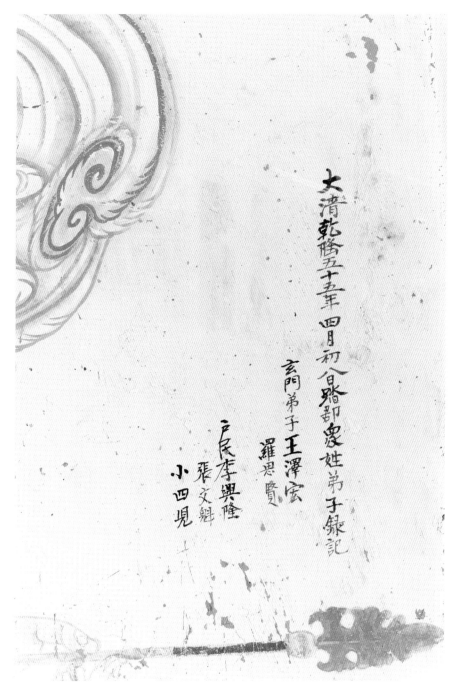

圖 240　清乾隆五十五年（1790）「玄門弟子王澤宏」墨書題記
　　　　榆林窟第 15 窟　前室南壁

題寫內容為：

大清乾隆五十五年四月初八日踏郡眾姓弟子錄記
　　　　玄門弟子：王澤宏
　　　　　　　　　羅思賢
　　　　戶民：李興隆
　　　　　　　張文魁
　　　　　　　小四児

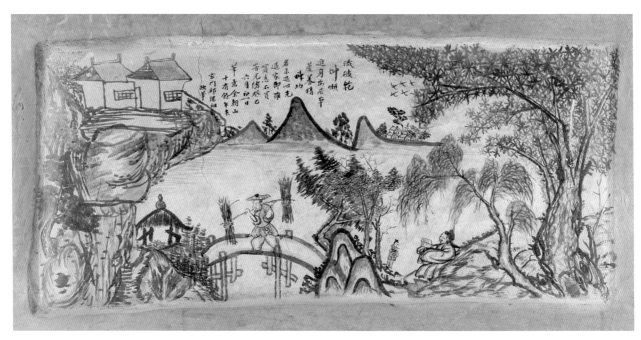

圖 241　光緒癸巳年（1893）玄門邱繼祖繪《樵讀圖》
榆林窟第 23 窟　甬道南壁

此圖為清光緒癸巳年玄門邱繼祖朝山時所繪，水墨畫，以山、水、樹、房屋
為構圖元素，突出樵、讀主題。畫上有題款：「識破乾坤懶，進身安居草廬，
養精神；功名未退心先退，家即雖貧志不貧。峕光緒癸巳六月初一日筆意，
余朝山十有餘年矣，玄門邱繼祖拙筆。」表達了道家寄居於山水間的願望和
遠離凡塵的心境。

圖 242 榆林窟第 23 窟　主室全景

此窟主室東、南、北壁馬蹄形佛床上清塑全真七子及侍童共十五身，此窟可命名為「七真窟」。四面繪有與全真教歷史及中國傳統故事有關的壁畫。壁畫以小場景的形式描繪，又以山水、樹木精心佈置其間形成整體。壁畫反映的故事內容形象生動，能起到很好的宣教功能。該窟內容是研究清代全真教在西北地區傳播與道教美術的珍貴材料。

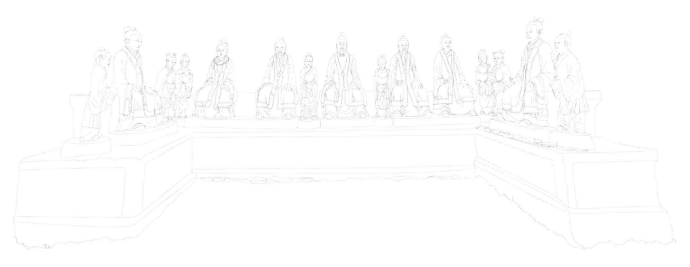

圖 243 全真七子及侍童線描圖　榆林窟第 23 窟　馬蹄形佛床

圖 244 榆林窟第 23 窟　主室東壁壁畫局部

圖 245 榆林窟第 23 窟　主室東壁壁畫局部

圖 246 榆林窟第 23 窟　主室東壁壁畫局部

圖 247　榆林窟第 23 窟　　主室南壁壁畫局部

圖 248　榆林窟第 23 窟　　主室南壁壁畫局部

圖 249　榆林窟第 23 窟　　主室南壁壁畫局部

圖 250 榆林窟第 23 窟　主室南壁壁畫局部

圖 251 榆林窟第 23 窟　主室南壁壁畫局部

圖 252 榆林窟第 23 窟　主室南壁壁畫局部

圖 253 榆林窟第 23 窟　主室北壁壁畫局部

圖 254 榆林窟第 23 窟　主室北壁壁畫局部

圖 255　榆林窟第 23 窟　主室北壁壁畫局部

圖 256 榆林窟第 23 窟　主室北壁壁畫局部

圖 257 榆林窟第 23 窟　主室北壁壁畫局部

圖 258 榆林窟第 23 窟　主室西壁壁畫局部

圖 259　榆林窟第 23 窟　　主室西壁壁畫局部

圖 260　榆林窟第 23 窟　　主室西壁壁畫局部

圖 261 榆林窟第 23 窟　主室西壁壁畫局部

圖 262 榆林窟第 23 窟　主室西壁壁畫局部

圖 263 榆林窟第 23 窟　主室西壁壁畫局部

圖 264 榆林窟第 23 窟　主室西壁壁畫局部

圖265 榆林窟第23窟　主室西壁壁畫局部

圖266 榆林窟第23窟　主室西壁壁畫局部

圖 267　榆林窟第 23 窟　主室西壁壁畫局部

圖 268　佛道辯論　榆林窟第 23 窟　主室西壁壁畫

圖中皇者坐於寶座上，後有二侍童。兩側分立文武官員，
一僧、一道立於中間，作辯論狀。

圖 269　南極仙翁　榆林窟第 23 窟　窟頂

紙繪，張貼於窟頂正中。仙翁身騎白鶴、手持陰陽太極，有頭光，祥雲籠罩。

圖 270　曹國舅　榆林窟第 23 窟　窟頂

紙繪，張貼於窟頂。曹國舅頭戴烏紗，手持笏板，有頭光，祥雲籠罩。

圖 271 張果老　榆林窟第 23 窟　窟頂

紙繪，張貼於窟頂。張果老手持漁鼓，有頭光，祥雲籠罩。

圖 272 何仙姑　榆林窟第 23 窟　窟頂

紙繪，張貼於窟頂。何仙姑手持蓮花，有頭光，祥雲籠罩。

圖 273 呂洞賓　榆林窟第 23 窟　窟頂

紙繪，張貼於窟頂。呂洞賓身背寶劍，手持花，有頭光，祥雲籠罩。

圖 274 藍采和　榆林窟第 23 窟　窟頂

紙繪，張貼於窟頂。藍采和手捧花籃，有頭光，祥雲籠罩。

圖 275 鐵拐李 榆林窟第 23 窟 窟頂

紙繪，張貼於窟頂。鐵拐李身背葫蘆，手拄拐棍，有頭光，祥雲籠罩。

圖 276 韓湘子 榆林窟第 23 窟 窟頂

紙繪，張貼於窟頂。韓湘子吹笛，有頭光，祥雲籠罩。

圖 277 鍾離權　榆林窟第 23 窟　窟頂

紙繪，張貼於窟頂。鍾離權手持芭蕉扇、桃，有頭光，祥雲籠罩。

圖 278 **文昌帝君及侍童天聾、地啞像　榆林窟第 35 窟　主室西壁中心佛壇**

塑像位於中心佛壇上，主尊為文昌帝君，左右天聾、地啞像靠存在主尊兩側。

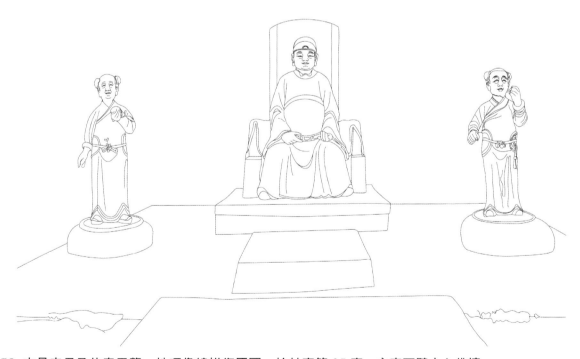

圖 279 **文昌帝君及侍童天聾、地啞像線描復原圖　榆林窟第 35 窟　主室西壁中心佛壇**

圖 280 持矛侍衛　榆林窟第 35 窟　前室南側龕內

圖 281 持矛侍衛線描圖　榆林窟第 35 窟　前室南側龕內

圖 282　**白特及馬童　榆林窟第 35 窟　前室北側龕內**

前室北側龕內塑文昌帝君坐騎「白特」及馬
童，「白特」為神獸，馬頭、騾身、驢尾、牛
蹄，俗稱四不像，全身色白，且古有「日行
千里為馬，日行萬里為特」之說。

圖 283　**白特及馬童線描圖　榆林窟第 35 窟　前室北側龕內**

圖 284 **榆林窟第 37 窟　主室全景**

塑像位於馬蹄形佛床上，主尊為高上虛皇道君，坐龍頭寶座，兩側侍立玉
女；南、北壁分別各塑三身道教神仙坐像，背景為山水、花卉、人物屏風
畫；馬蹄形佛床下端南北兩側塑二天師立像。

圖 285 **馬蹄形佛床上道教塑像線描圖　榆林窟第 37 窟**

圖286「虛皇閣」泥匾　榆林窟第37窟　主室西壁上端

圖287「真歸無極」泥匾　榆林窟第37窟　主室東壁門上

圖 288　高上虛皇道君及玉女　榆林窟第 37 窟　主室西壁

圖 289　道教神像　榆林窟第 37 窟　主室南壁

圖 290　道教神像　榆林窟第 37 窟　主室北壁

圖 291　蟲王及配神　榆林窟第 38 窟　主室西壁中心佛壇

圖 292　蟲王及配神線描圖　榆林窟第 38 窟　主室西壁中心佛壇

圖 293　主尊蟲王背部　榆林窟第 38 窟

圖 294 主尊蟲王背部線描圖　榆林窟第 38 窟

圖 295　龍王　榆林窟第 38 窟　前室北側龕內

圖 296　龍王線描圖　榆林窟第 38 窟　前室北側龕內

圖 297 龍王　榆林窟第 38 窟　前室南側龕內

圖 298 龍王線描圖　榆林窟第 38 窟　前室南側龕內

圖 299 榆林窟第 40 窟主室全景

主室西、南、北壁馬蹄形佛床上清塑神像
十九身，背景為山水、花卉、人物屏風畫。

圖 300　玄靈高上帝、二侍者及道教神像　榆林窟第 40 窟　主室西壁

圖 301　玄靈高上帝、二侍者及道教神像線描圖　榆林窟第 40 窟　主室西壁

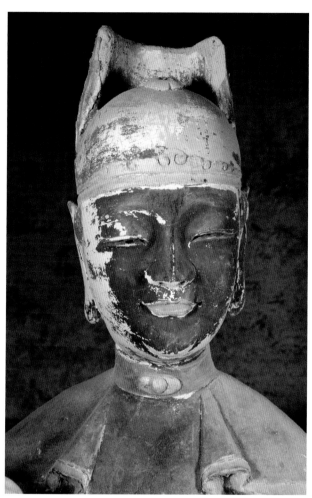

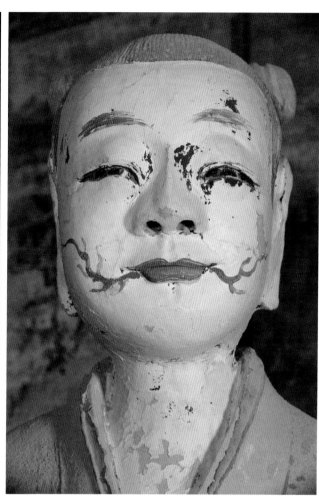

圖 302 主尊南側侍者（局部）
　　　榆林窟第 40 窟　主室西壁

圖 303 火神侍者（局部）
　　　榆林窟第 40 窟　主室西壁

圖 304　道教神像　榆林窟第 40 窟　主室南壁

圖 305　道教神像線描圖　榆林窟第 40 窟　主室南壁

圖 306　道教神像　榆林窟第 40 窟　主室北壁

圖 307　道教神像線描圖　榆林窟第 40 窟　主室北壁

圖 308　關平　榆林窟第 40 窟　前室南側龕內

圖 309　關平線描圖　榆林窟第 40 窟　前室南側龕內

圖 310　周倉　榆林窟第 40 窟　前室北側龕內

圖 311　周倉線描圖　榆林窟第 40 窟　前室北側龕內

圖 312　榆林窟第 41 窟外景

圖 313 榆林窟第 41 窟　主室西壁

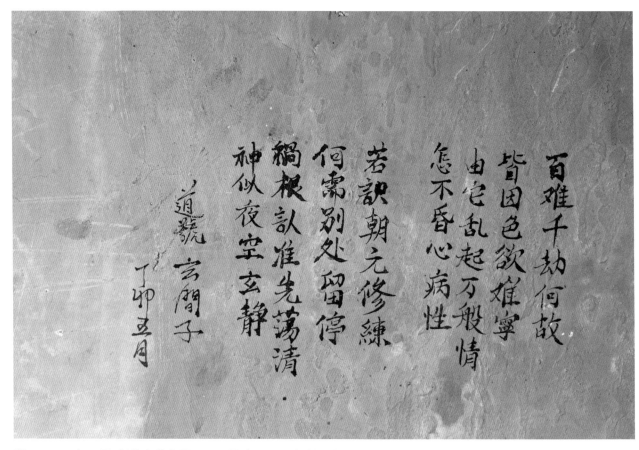

圖 314　丁卯五月「道號『玄間子』」墨書題記　榆林窟第 41 窟　主室西壁北側

題記內容：

百難千劫何故，
皆因色欲難寧。
由它亂起萬般情，
怎不昏心病性。
若訊朝元修練，
何需別處留停。

禍根訊准先蕩清。
神似夜空玄靜。
　　　道號　玄間子
　　　　　丁卯五月。

圖 315　榆林窟東崖山門

圖 316 王靈官像　榆林窟　東崖山門西側

　敦煌道教遺跡選萃

圖 317　趙元帥像　榆林窟　東崖山門東側

圖318 郭元亨道長在榆林窟保護牌前的紀念照

圖319 1954年段文杰先生為郭元亨道長所繪炭筆畫

圖 320 郭元亨道長在榆林窟的居所

圖 321 郭元亨道長在榆林窟的居所內景

水峽口下洞子石窟

　　水峽口下洞子石窟，又名「小千佛洞」，位於今甘肅省瓜州縣城南50公里的榆林河下游，當地群眾稱榆林窟為上洞子，故稱此窟為下洞子。現尚有壁畫的洞窟8個。其中7個窟位於南崖，北崖一窟因風沙侵蝕等原因，破毀嚴重。第6窟中保存的「紫微帝庭」題寫，反映了當時道教及中天紫微信仰在該地區的傳播。

圖 322 **水峽口下洞子石窟外景**

圖 323「紫微帝庭」泥匾　水峽口下洞子石窟第6窟　門上端

　　門上端題寫有「紫微帝庭」四個大字，兩側小字題
寫：「創修弟子何秀獻叩」，「歲次己亥」。左側有補
寫：「玄門弟子主持馬教誠。」題寫中的信息，反映
了主持馬教誠道長在下洞子的活動情況及中天紫微信
仰在該地區的傳播。

西千佛洞

　　西千佛洞，位於今甘肅省敦煌市城西南約 35 公里的斷崖上，因位於敦煌莫高窟以西而得名，洞窟開鑿在黨河河岸的懸崖峭壁上，開鑿年代從北魏、西魏、北周一直延續到五代、回鶻時期，是敦煌藝術的重要組成部分。經過河水的長期沖刷、侵蝕、坍塌，所以現在保留下來只有 22 個洞窟，其中第 4 窟所保留的道教榜文和未編號窟洞窟中的龍王像，是清末、民國時期的道教遺跡，反映了當時道教在該地區流傳的情況。

圖 324　西千佛洞外景

圖 325 西千佛洞窟區

圖 326 《玉清靈寶普福善筵經壇榜》　西千佛洞第 4 窟　主室南壁門上方

此窟應是清代、民國時期道教在此活動的主要洞窟，中心佛壇背景殘留有墨畫黑虎圖像，可能原塑有趙公大元帥像。現存的《玉清靈寶普福善筵經壇榜》是民國時期道士在洞窟舉行齋醮的重要遺跡。榜文內容如下：

1. 玉清靈寶普福善筵經壇。
2. 　伏以、作善降祥，大造無私於景貺，一誠報德，下情可格於
3. 高明，凡有所祈，克獲感通。本壇今奏為，
4. 民國甘肅省敦煌縣在城西鄉千佛洞香火地方，一心奉
5. 道設醮修善、答報神恩、酬□□願、祈保平安，保安信士。
6. 　　　葉　□、馬世山
7. 正乙弟子　李蔚、李生有、賈生義，謹叩。
8. 　　　孫壽昌、
9. 　早晚功課。

10. 　　　　　《三官》、《北斗》。
11. 　　　　　《真武、十一曜》。萬善同歸。
12. 　　　　　《玉皇寶懺》。
13. 　　　　　午朝玄科。
14. 民國十八年歲次己巳玖月初九日諷經壹天。

　　榜文中出現的正乙弟子馬世山，其活動亦見於莫高窟。莫高窟第 152 窟存
有其在民國二十年四月八期間舉行齋醮時所留下的榜文。

圖 327 龍王像　西千佛洞　未編號窟

東千佛洞

　　東千佛洞，又稱接引寺，位於今甘肅省瓜州縣城東南 90 餘公里處，西據莫高窟 148 公里，榆林窟約 75 公里，因位於敦煌莫高窟與榆林窟以東而得名。洞窟開鑿在長山子北麓的古河道兩岸，高約 80 米的東、西崖壁上。現存 23 個洞窟，東崖 9 個，西崖 14 個，保存壁畫和塑像的有 9 個洞窟。東千佛洞大約開鑿於西夏時期，保存了西夏、元代、清代以及民國時期的石窟藝術。

　　東千佛洞保存有明、清時期道教遺跡，第 8 窟、9 窟中有道教塑像及壁畫，第 7 窟中有「黑水橋弟子，諷誦皇經一部」題記。第 7 窟出土的明代道教神仙卷軸畫及洞窟北出土的「八仙拐杖」更是十分珍貴，這些均反映出當時道教在瓜州地區的傳播及影響。

圖 328　**東千佛洞外景**

圖 329　東千佛洞西崖

圖 330 道光六年（1826）「諷誦《皇經》」墨書題記
東千佛洞第 7 窟　後甬道口北壁

題記內容：

道光六年黑水橋住持
孟慧任 諷誦《皇經》一部。

反映了玉皇信仰在當時瓜州的傳播情況。

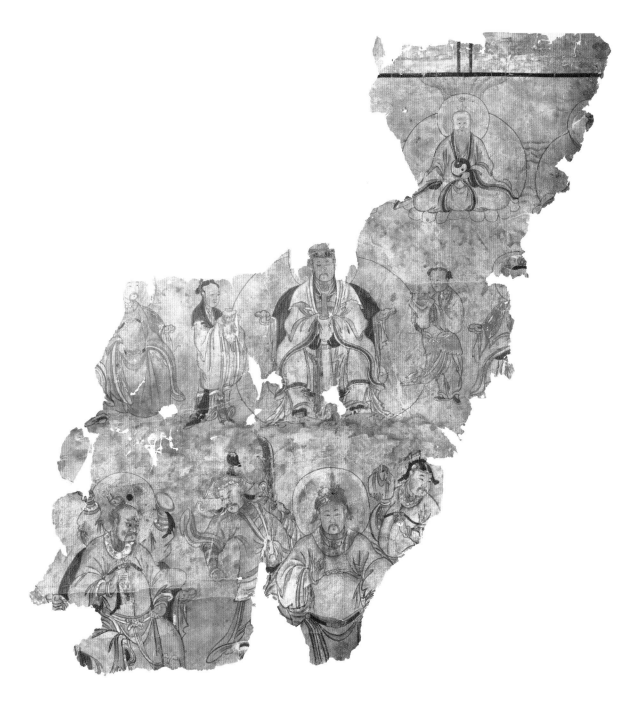

圖 331　明代道教神仙卷軸畫　東千佛洞第 7 窟出土

紙本
長 80cm X 寬 75cm
1988 年 4 月 9 日東千佛洞第 7 窟出土
瓜州縣博物館（文物保護與開發利用中心）藏
（館藏編號：0065，書畫 0009）

1988 年 4 月 9 日，瓜州縣博物館在東千佛洞第 7 窟採集，為國家
三級文物。畫卷四周殘損嚴重，中間有破洞。殘存三層，最上層殘
存上清靈寶天尊，手抱太極；中層為玉皇，左右兩側侍立金童、玉
女；下層為關聖帝君，身後左有周倉持青龍偃月刀，右有關平捧印。

圖 332 上清靈寶天尊　明代道教神仙卷軸畫局部　東千佛洞第 7 窟出土

圖 333 玉皇及金童、玉女像　明代道教神仙卷軸畫局部　東千佛洞第 7 窟出土

圖 334 關聖帝君及周倉、關平　明代道教神仙卷軸畫局部　東千佛洞第 7 窟出土

圖 335　明代道教神仙卷軸畫　東千佛洞第 7 窟出土

紙本
長 63cm X 寬 35.5cm
1988 年 4 月 9 日東千佛洞第 7 窟出土
瓜州縣博物館（文物保護與開發利用中心）藏
（館藏編號：0070，書畫 0008）

1988 年 4 月 9 日，瓜州縣博物館在東千佛洞第 7 窟採集，為國家
三級文物。殘存畫卷最左側為此層主尊東嶽大帝，身後有判官侍
立，右側坐配神依此為：城隍、龍王、山神、土地。

圖 337　東千佛洞第 8 窟　主室覆斗頂八卦圖

圖 336　東千佛洞第 8 窟　　主室內景

圖 338 東千佛洞第 8 窟　主室中心佛壇

圖 339　佛像　東千佛洞第 8 窟　主室中心佛壇

圖 340 道教神像　東千佛洞第 8 窟　主室中心佛壇

圖 341　侍者像　東千佛洞第 8 窟　主室中心佛壇

圖 342 童子像　東千佛洞第 8 窟　主室中心佛壇

圖 343 東千佛洞第 8 窟主室　中心佛壇北側山水畫

畫面以直幅式構圖繪製出初春的山谷景色。遠處山峰峭拔遠淡，聳立於煙雲
繚繞之中，中景山頂與山腰建有寺塔樓閣，一條小徑蜿蜒直通山門，近景山
石險兀，點染精細；山石下有一崖台，三位高士站立交談，一人右手拄杖，
一人雙手後叉，一人左手指向台閣，後方有一瀑布飛流直下。整個畫面兼具
靈秀與雄偉之氣象。

圖 344 東千佛洞第 8 窟主室　中心佛壇南側山水畫

　　畫面遠景為繚繞雲間的山峰和隱現於山中的建築，中間佈以瀑布、雲彩、寺
院，近景為山腳下的橫橋與草蘆。構圖飽滿，用筆嫻熟，以柔和的筆勢表現
出弱柳撫風的質感，又以短小急促的筆勢表現出松樹堅實的剛直之貌。建築
物工整嚴謹，山石樹木卻又逸筆草草。鈷藍與土黃對山石、樹木、建築物的
點染恰到好處，使得畫面瀟灑穩健、冷暖協調。中景崖台上，騎牛吹笛的牧
童襯托出整個畫面的清幽靜謐之美，表現出人與自然合一的意境。

圖 345 元帥像　東千佛洞第 8 窟　主室西壁門北

圖 346 王靈官像　東千佛洞第 8 窟　主室西壁門南

圖 347 女仙像　東千佛洞第 8 窟　北耳室門上方

圖像以扇形構圖,女仙前有一石,石前麒麟回望女仙。女仙身後有一籃,籃中有花,左側一棵古樹,頂端枝幹下垂,點綴了畫面上方的空間。右側的山石層疊,筆墨濃淡相互配合,襯托出山石的立體感。畫面的四周使用鈷藍,整體偏冷的色調襯托出女仙清麗婉約的氣質。

圖 348 女仙像　東千佛洞第 8 窟　南耳室門上方

圖像以扇形構圖,女仙左腿彎曲,右腿前伸,前有一石,上置一籃,籃中有佛手,麒麟回望女仙。左側古樹自然生發,枝幹頂端的樹葉垂下,點綴了畫面上方的空間。右側山石堆疊,筆墨濃淡相互配合,襯托出山石的立體感。畫面的四周使用鈷藍,整體偏冷的色調襯托出女仙清麗婉約的氣質。

圖 349　城隍、藥王、慈航道人　東千佛洞第 8 窟　北耳室

圖 350　東千佛洞第 8 窟　北耳室西壁　壁畫全景

　　圖像中山坡古樹，幼枝新發；祖師像面相方圓，髮卷覆肩，身穿交領
寬褶上衣，腰間繫一掛有葫蘆的豹紋短裙，前者頭頂髻，雙手壓膝撐
身，左腳掌微抬；後者右手扶前者肩，左手舉一銅錢。地面有一金蟾
抬頭躍起。左側石上放有三顆石榴，右側遠方山巒聳立，以披麻皴筆
法表現山體，凸顯整個畫面的深遠意境。

圖 351 劉海蟾祖師像　東千佛洞第 8 窟　北耳室西壁壁畫局部

圖 352 東千佛洞第 8 窟　北耳室東壁　壁畫全景

崖台上站立有二老者，均面相和藹，鬍鬚堅挺，身穿寬袖長袍，彎腰注視前方，前者雙手持杖，後者左手後搭，右手扶前者肩，二人四周圍以山石草木。整個畫面節奏鮮明、錯落有致，用筆上，糅合了蓴菜描、琴弦描和鐵線描等線描手法；用墨上，既在衣褶間施以淡墨暈染，表現出人物的凹凸感，又以濃墨點染樹石，整體給人一種幽遠恬靜之感。

圖 353 仙人像　東千佛洞第 8 窟
北耳室東壁壁畫局部

圖 354 東千佛洞第 8 窟　南耳室　佛壇全景

圖 355　水官、天官、地官　東千佛洞第 8 窟　南耳室

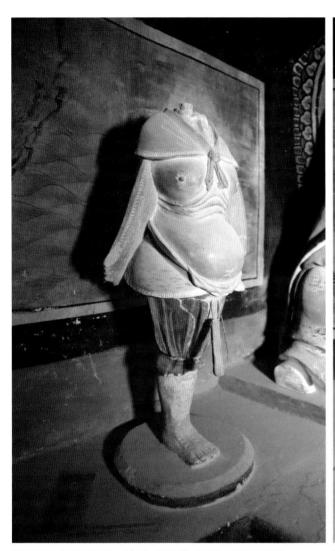

圖 356　獨腳侍神　東千佛洞第 8 窟　南耳室東

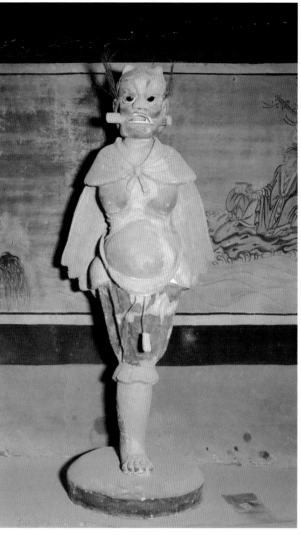

圖 357　獨腳侍神　東千佛洞第 8 窟　南耳室西

圖 358 **呂洞賓、漢鍾離　東千佛洞第 8 窟**
南耳室東壁壁畫局部

　　圖像中呂洞賓背劍、漢鍾離持扇，二人從山
石間望向海面。人物用筆遒勁有力，眉目等
細節刻畫細膩又層次豐富，凸顯人物在整個
畫面中的主體地位。山石勾勒隨意灑脫，皴
擦急促，對人物起襯托作用。海水用起伏的
線條勾勒，表現出波濤洶湧的態勢。整個畫
面的構圖十分自然，山石、海水與呂洞賓和
漢鍾離意境渾然一體。

圖 359 **呂洞賓像　東千佛洞第 8 窟**
南耳室西壁壁畫局部

　　畫中描繪呂祖作儒生像，身穿交領大袍衣，
右腿前伸，左腿折回，右手展書於膝上，身
側小童蹲坐打盹，後放書與酒翁。身後枯枝
上掛劍與葫蘆，槎下波濤洶湧，凸顯出修道
者的鎮定與自如。用筆上，粗、細線相結合；
用墨上，濃、淡墨相配合，構造出兼具厚重
和輕靈的意境。

圖 360 山神、土地及侍者　東壁　東千佛洞第 9 窟

圖 361 壽紋祥雲圖案　東千佛洞第 9 窟　窟頂圖案

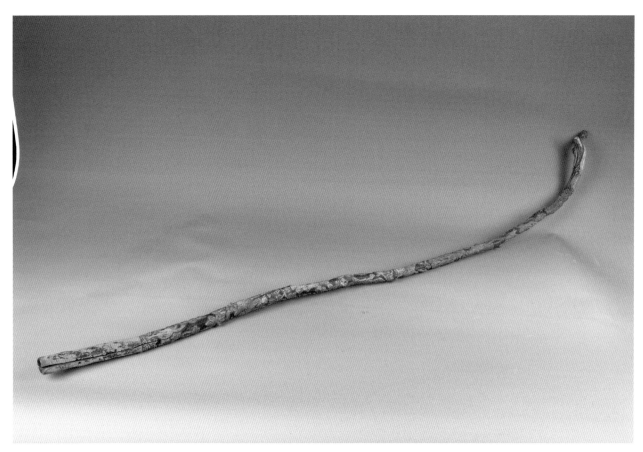

圖 362　八仙拐杖　東千佛洞出土

清代　木質
長 118cm X 直徑 2.1cm
1985 年東千佛洞北崖出土
瓜州縣博物館（文物保護與開發利用中心）藏
（館藏編號：00003，木 0038）

製作年代為清代，國家一級文物。1985 年 4 月 3 日，瓜州縣博物
館在東千佛洞北崖採集，拐杖下端開裂一縫。

圖 363　八仙拐杖頂端　壽星像　東千佛洞出土

圖 364　八仙拐杖局部　呂洞賓像　東千佛洞出土

圖 365　八仙拐杖局部　張果老像　東千佛洞出土

圖 366　八仙拐杖局部　鐵拐李像　東千佛洞出土

圖 367　八仙拐杖局部　韓湘子像　東千佛洞出土

圖 368　八仙拐杖局部　曹國舅像　東千佛洞出土

圖 369　八仙拐杖局部　何仙姑像　東千佛洞出土

圖 370　八仙拐杖局部　藍采和像　東千佛洞出土

圖 371 八仙拐杖局部　漢鍾離像　東千佛洞出土

圖 373 八仙拐杖局部　金蟾、金錢　東千佛洞出土

圖 372 八仙拐杖局部　劉海蟾像　東千佛洞出土

瓜州道教遺跡

圖 374 蘑菇台王母宮

蘑菇台王母宮，位於今甘肅省瓜州縣鎖陽城鎮中渠村南 24 公里。王母宮修建於清代，現存建築為原來廟宇的最後一殿，該殿坐北朝南，平面呈長方形，南北長 11.4 米，東西寬 8.9 米，是一座正面三開間的土坯牆體建築，具有濃郁的地方特色。大殿內及前廊東、西兩壁均有壁畫，惜大多已經漫漶，不可辨識；前室東、西兩壁殘存八仙過海、鳳凰紋。在 1941 年 10 月，1943 年 5 月，于右任、張大千、范振緒等，先後在調查榆林窟時途經此地，范振緒題詩於王母宮西壁，上題寫：「楊柳青青水一灣，塵心滌盡便開顏。我今欲問旗亭客，誰道春風不度關。毛竹何年始築台，蘆芽獨自送青睞。雁銜鳳集不須問，自有幽人費剪裁。」

圖 375 蘑菇台王母宮　大殿西壁壁畫局部

圖 376 蘑菇台王母宮　大殿西壁壁畫局部

圖 377　蘑菇台王母宮　大殿西壁壁畫局部

圖 378　蘑菇台王母宮　前廊西壁壁畫全景

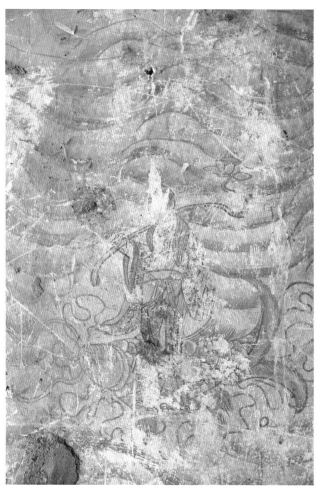

圖 379 何仙姑像　蘑菇台王母宮
　　　前廊西壁壁畫局部

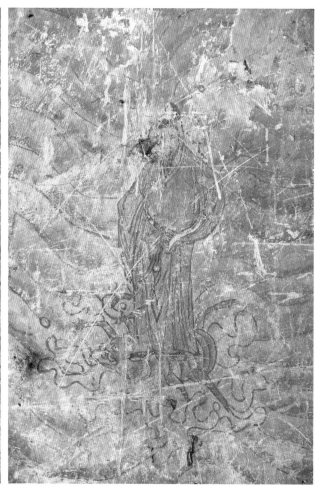

圖 380 曹國舅像　蘑菇台王母宮
　　　前廊西壁壁畫局部

圖 381　藍采和像　蘑菇台王母宮　前廊西壁壁畫局部

圖 382　漢鍾離像　蘑菇台王母宮　前廊東壁壁畫局部

圖 383 鳳紋像　蘑菇台王母宮　前廊東壁壁畫局部

圖 384 郭元亨道長在蘑菇台的居所

圖 385 蘑菇台老君廟外景

圖 386 老君像　蘑菇台老君廟

圖 387 **道德樓主樓**

道德樓，位於今甘肅省瓜州縣鎖陽城鎮堡子村村委會院內。建於清嘉慶十三
年（1808），是清代堡子城的附屬建築，全木結構歇山頂單飛簷式方形樓，
共兩層，底基平面呈長方形，南北長 7.25 米，東西寬 5.68 米，高 8.45
米。西簷下懸掛黑底金字「道德樓」匾（複製）。四周原建有火神廟、龍王
廟、娘娘廟等道教廟宇，現僅存此樓。

參考文獻

古籍、地方志

[晉] 葛洪撰；胡守為校釋：《神仙傳校釋》，北京：中華書局，2010 年。

[北齊] 魏收撰：《魏書》，北京：中華書局，2017 年。

[明] 洪應明撰：《仙佛奇蹤》，北京：中華書局，2016 年。

[明] 佚名編撰；王孺童點校：《三教源流搜神大全》，北京：中華書局，2019 年。

[清] 黃文煒修撰；吳生貴、王世雄校注：《重修肅州新志校注》，北京：中華書局，2007 年。

[清] 蘇履吉修、曾誠纂：《敦煌縣志》，台北：成文出版社有限公司，1970 年。

呂鐘修纂：《重修敦煌縣志》，蘭州：甘肅人民出版社，2001 年。

袁珂校注：《山海經校注》，北京：北京聯合出版公司，2014 年。

敦煌市地方志編纂委員會編：《敦煌市志》（上、中、下），北京：中華書局，2016 年。

《敦煌志》編纂委員會編：《敦煌志》（上、下），北京：中華書局，2007 年。

《道藏》，北京：文物出版社，上海：上海書店出版社，天津：天津古籍出版社，1988 年。

《藏外道書》，成都：巴蜀書社，1992-1994 年。

專著、論文集、圖錄

王卡：《敦煌道教文獻研究：綜述‧目錄‧索引》，北京：中國社會科學出版社，2004 年。

王育成：《明代彩繪全真宗祖圖研究》，北京：中國社會科學出版社，2003 年。

王遜：《中國美術史》，北京：人民美術出版社，2018 年。

中國道教協會組編；張興發編著：《道教神仙信仰》，北京：宗教文化出版社，2020 年。

尹志華：《清代全真道歷史新探》，香港：香港中文大學，2014 年。

邢義田：《立體的歷史：以圖像看古代中國與域外文化》，台北：三民書局，2016 年。

吉宏忠主編：《道教大辭典》，上海：上海辭書出版社，2020 年。

成寅編：《中國神仙畫像集》，上海：上海古籍出版社，1996 年。

[美] 巫鴻著；柳揚，岑河譯：《武梁祠：中國古代畫像藝術的思想性》，北京：生活‧讀書‧新知三聯書店，2015 年。

[美] 巫鴻著；施傑譯：《黃泉下的美術：宏觀中國古代墓葬》，北京：生活‧讀書‧新知三聯書店，2016 年。

李宏偉：《瓜州文物志》，西安：三秦出版社，2013 年。

李春元：《瓜州文物考古總錄》，香港：天馬出版有限公司，2008 年。

李凇：《中國道教美術史‧第一卷》，長沙：湖南美術出版社，2011 年。

李凇：《神聖圖像：李凇中國美術史文集》，北京：人民出版社，2016 年。

李凇主編：《道教美術新論》，濟南：山東美術出版社，2008 年。

李豐楙、陳國寧主編：《道與藝合：道教與民間文學藝術展》，台北：新文豐出版股份有限公司；新北：世界宗教博物館，2020 年。

肖明海：《真武圖像研究》，北京：文物出版社，2007 年。

吳軍、劉艷燕：《敦煌古代石刻藝術》，蘭州：甘肅人民出版社，2016 年。

吳浩軍：《河西墓葬文獻研究》，上海：上海古籍出版社，2019 年。

何山：《西域文化與敦煌藝術》，桂林：廣西師範大學出版社，2020 年。

[法] 伯希和著；耿升、唐健賓譯：《伯希和敦煌石窟筆記》，蘭州：甘肅人民出版社，1993 年。

汪小洋、李彧、張婷婷：《中國道教造像研究》，上海：上海大學出版社，2010 年。

汪小洋：《漢墓繪畫宗教思想研究》，上海：上海大學出版社，2010 年。

季羨林：《敦煌學大辭典》，上海：上海辭書出版社，1998 年。

金維諾等：《中國宗教美術史》，南昌：江西美術出版社，1995 年。

胡同慶：《胡同慶論文集敦煌學研究》，蘭州：甘肅美術出版社，1994 年。

胡知凡：《形神俱妙：道教造像藝術探索》，上海：上海辭書出版社，2008 年。

胡春濤：《道教壁畫藝術研究：以北方寺觀為中心的考察》，南寧：廣西美術出版社，2018 年。

段文杰：《敦煌石窟藝術研究》，蘭州：甘肅人民出版社，2007 年。

段文杰：《敦煌石窟藝術論集》，蘭州：甘肅人民出版社，1988 年。

俞美霞：《東漢畫像石與道教發展：兼論敦煌壁畫中的道教圖像》，台北：南天書局有限公司，2000 年。

姜生：《漢帝國的遺產：漢鬼考》，北京：科學出版社，2016 年。

姜伯勤：《敦煌藝術宗教與禮樂文明：敦煌心史論》，北京：中國社會科學出版社，1996 年。

孫志軍編著：《世紀敦煌：跨越百年的莫高窟影像》，北京：中信出版社，2021 年。

馬書田：《中國道教諸神》，北京：團結出版社，1996 年。

殷光明：《北涼石塔研究》，新竹：財團法人覺風佛教藝術文化基金會，2000 年。

卿希泰、詹石窗主編：《中國道教通史》（1-5 卷），北京：人民出版社，2019 年。

卿希泰主編：《中國道教史》（修訂本）（1-4 卷），成都：四川人民出版社，1996 年。

宿白：《中國石窟寺研究》，北京：生活・讀書・新知三聯書店，2019 年。

張明遠：《太原龍山道教石窟藝術研究》，太原：山西科學技術出版社，2002 年。

張勛燎、白彬：《中國道教考古》，北京：線裝書局，2006 年。

張寶璽：《北涼石塔藝術》，上海：上海辭書出版社，2006 年。

張繼禹，中國道教協會：《中國道教神仙造像大系》，北京：五洲傳播出版社，2011 年。

〔英〕斯坦因著；向達譯：《西域考古記》，北京：商務印書館，2014 年。

敦煌研究院、甘肅文物局編：《甘肅石窟志》，蘭州：甘肅教育出版社，2011 年。

敦煌研究院編：《莫高窟》，南京：江蘇鳳凰美術出版社，2015 年。

敦煌研究院：《敦煌石窟內容總錄》，北京：文物出版社，1996 年。

敦煌研究院：《敦煌莫高窟供養人題記》，北京：文物出版社，1986 年。

敦煌研究院編：《敦煌舊影：晚清民國老照片》，上海：上海古籍出版社，2011 年。

敦煌研究院編：《榆林窟》，南京：江蘇鳳凰美術出版社，2014 年。

敦煌研究院編；樊錦詩主編：《敦煌藝術大辭典》，上海：上海辭書出版社，2019 年。

楊秀清：《敦煌：另類的解讀》，蘭州：甘肅人民出版社，2019 年。

賈小軍、武鑫：《魏晉十六國河西鎮墓文、墓券整理研究》，北京：中國社會科學出版社，2017 年。

趙偉：《道教壁畫五嶽神祇圖像譜係研究》，北京：文化藝術出版社，2011 年。

趙曉星：《莫高窟之外的敦煌石窟》，蘭州：甘肅人民美術出版社，2017 年。

趙聲良：《敦煌石窟藝術總論》，蘭州：甘肅教育出版社，2010 年。

趙聲良：《敦煌石窟藝術簡史》，北京：中國青年出版社，2015 年。

趙聲良：《敦煌談藝錄》，北京：文物出版社，2020 年。

趙聲良：《敦煌藝術十講》，上海：上海古籍出版社，2007 年。

鄭炳林、李軍：《敦煌歷史地理》，蘭州：甘肅教育出版社，2010 年。

鄭燦山主編：《道法海涵：李豐楙教授暨師門道教文物收藏展》，台北：新文豐出版股份有限公司；新北：
　　世界宗教博物館，2013 年。

寧強：《敦煌石窟寺研究》，蘭州：甘肅人民美術出版社，2010 年。

樊光春：《西北道教史》，北京：商務印書館，2010 年。

劉永明主編：《絲綢之路道教歷史文化論集》，蘭州：甘肅文化出版社，2020 年。

劉屹：《敦煌道經與中古道教》，蘭州：甘肅教育出版社，2010 年。

劉進寶：《敦煌學通論》，蘭州：甘肅教育出版社，2019 年。

靜安攝影：《甘肅丁家閘十六國墓壁畫》，重慶：重慶出版社，1999 年。

蕭軍：《永樂宮壁畫》，北京：文物出版社，2008 年。

謝稚柳：《敦煌藝術敍錄》，上海：上海古籍出版社，1996 年。

論文

于右任：〈西北紀行詩〉，《說文月刊》（渝）1943 年第 3 卷第 10 期。

王慧慧、梁旭澍：〈《敦煌千佛洞千相塔記》《敦煌千佛山皇慶寺緣簿》錄文及相關問題〉，《敦煌研究》
　　2014 年第 5 期。

朱滸：〈漢晉《舍利》圖像考〉，《美術研究》2021 年第 3 期。

何正金：〈論明清時期滇西北的關帝信仰〉，《宗教學研究》2017 年第 3 期。

何江濤：〈漢晉鎮墓文與早期道教研究：現狀、問題與反思〉，《宗教學研究》2020 年第 4 期。

李淞：〈敦煌莫高窟第 249 窟窟頂圖像的新解釋〉，載《1994 年敦煌學國際研討會會議論文集·石窟考古卷》，蘭州：甘肅民族出版社，2000 年。

李國、李博雅：〈瓜州榆林窟道教遺存考論〉，大足石刻研究院，四川美術學院大足研究中心編：《大足學刊》第四輯，重慶：重慶出版社，2020 年。

李國：〈榆林窟道教遊人題記芻議〉，《敦煌研究》2020 年第 3 期。

李博雅，李國：〈瓜州榆林窟道教遺存譾論〉，《敦煌學輯刊》2020 年第 2 期。

汪正一、趙曉星：〈敦煌莫高窟三清宮正殿《山海經》彩繪考察〉，《敦煌研究》2013 年第 6 期。

汪正一、趙曉星：〈敦煌莫高窟清代《西遊記》題材繪塑作品考察〉，《美育學刊》2015 年第 2 期。

汪正一、趙曉星：〈敦煌莫高窟清代改修送子娘娘殿洞窟遺跡考察〉，載周天遊主編：《絲路回音：第三屆曲江壁畫論壇論文集》，北京：文物出版社，2020 年。

汪正一、趙曉星：〈敦煌莫高窟第 150 窟清代遺跡考察〉，載周天游主編：《再獲秋實：第二屆曲江壁畫論壇論文集》，北京：商務印書館，2017 年，第 303、306 頁。

汪泛舟：〈敦煌道教與齋醮諸考〉，敦煌研究院編：《1994 年敦煌學國際研討集·宗教文史卷上》，蘭州：甘肅民族出版社，2000 年。

邵文實：〈敦煌道教試述〉，《世界宗教研究》1996 年第 2 期。

段文杰：〈略論莫高窟 249 窟壁畫內容和藝術〉，《敦煌研究》（創刊號）1983 年。

段文杰：〈道教題材是如何進入佛教石窟的——莫高窟 249 窟窟頂壁畫內容探討〉，段文杰著：《敦煌石窟藝術論集》，蘭州：甘肅人民出版社，1988 年。

段鵬：〈莫高窟所見清代敦煌四月八行事探析〉，《敦煌學輯刊》2021 年第 2 期。

段鵬：〈九—十世紀敦煌社會宗教生活研究——以齋會文本為中心的考察〉，蘭州大學，博士學位論文，2020 年。

段鵬：〈清代、民國時期道教正一派在敦煌地區的流傳——以敦煌莫高窟所見榜文為中心〉（未刊稿）

胡同慶：〈論敦煌莫高窟藝術的下限〉，《敦煌研究》1992 年第 4 期。

張廣保：〈當代道教研究的新動向：區域道教研究——兼評孔令宏、韓松濤著《江西道教史》〉，《世界宗教研究》2012 年第 4 期。

習近平：〈在敦煌研究院座談時的講話〉，《求是》2020 年第 3 期。

陳槃：〈敦煌木簡符籙試釋〉，《中央研究院民族學研究所集刊》第 32 期，1975 年。

趙聲良：〈莫高窟第 61 窟熾盛光佛圖〉，《西域研究》1993 年第 4 期。

樊光春：〈敦煌道士王圓籙評傳〉，《中國道教》2008 年第 5 期。

樊錦詩：〈保護傳承敦煌文化 增強中華文化自信〉，《求是》2020 年第 3 期。

顏廷亮：〈敦煌文化中的道教及文化〉，《敦煌研究》1999 年第 1 期。

（先後次序按筆畫排列）

2013 年 9 月作為一名在職的山區中學教師，我有幸再到學校學習。在雲南大學碩士階段學習中，導師李東紅教授不斷提醒我，注意石窟與周邊社會的關係，題記、題刻類的文獻應給予應有的重視。我的碩士論文《石鐘山石窟與石寶山歌會關係研究》即是對此的嘗試。這一研究路徑對我影響很深。2016 年 9 月我有幸到蘭州大學敦煌學研究所攻讀博士，所裏開了一門課程「敦煌石窟藝術」，由導師馬德先生任教。第一學期的寒假，我即隨同導師馬德先生到敦煌石窟考察，開啟了對敦煌石窟藝術的學習。在石窟考察的過程中，石窟和地方社會中的一些道教遺跡（宮觀、壁畫、塑像、題記、榜文）引起我極大的興趣，我便開始以此為專題做調查筆記，期望能有機會進一步梳理敦煌道教相關遺跡便成為我的一個夢想。這一想法首先得到導師的鼓勵，隨後在 2018 年 5 月、10 月，我有幸隨同蕭霽虹研究員和譚偉倫教授一併考察莫高窟，考察過程中蕭老師指導我從道教史角度梳理；譚老師提醒我擴展思路，要考慮佛道交涉的綜合考察。在完成博士階段的學習後，2020 年 8 月香港中文大學譚偉倫教授給我提供博士後學習的機會，專門從事「敦煌中的道教：敦煌石窟清以來佛道交涉研究」項目研究。這冊圖錄即是課題的階段性成果，在此感謝香港嗇色園將圖錄列入百周年紀慶出版資助計劃。

課題組在田野考察、資料收集、編寫的過程中經歷着疫情、沙塵暴，使我們對感恩二字有更深的體悟。本課題在項目研究過程中得到相關部門和師長的大力支持和幫助，沒有大家的鼎力相助，本圖錄將無法付梓出版。

在學習過程中一直得到蘭州大學敦煌學研究所鄭炳林教授、魏迎春教授的鼓勵和關心。

在敦煌石窟的考察中得到敦煌研究院提供的便利及馬德、李國、盛岩海、姚志薇諸位老師的大力支持和幫助。

在敦煌市博物館、魏晉墓壁畫、西雲觀、火神廟、三危山王母宮、老君堂的考察中得到敦煌市博物館館長石明秀、敦煌市文物局副局長張春生、敦煌市道教協會會長于嗣庚的大力支持和幫助。

在東千佛洞和瓜州文物考察中，得到瓜州縣原文物局局長李宏偉、瓜州縣博物館（文物保護與開發利用中心）館長楊靖武、副館長羅新民、薛金及吳榮麗、賈妮梅諸位前輩的大力支持和幫助。

在肅北五個廟石窟考察中得到了肅北蒙古族自治縣文物管理部門的領導和同事們的大力支持和幫助。

在河西歷史文化考察中得到西北師範大學薛艷麗博士、甘肅政法大學李

娜副教授的大力支持和幫助。

在寫作過程中得到雲南社會科學院宗教研究所蕭霽虹研究員、中國社會科學院世界宗教研究所汪桂平研究員、李志鴻研究員、中央美術學院人文學院趙偉教授、四川社會科學院李遠國研究員、上海師範大學侯沖教授、四川大學道教與宗教文化研究所何正金博士、雲南昭通學院龔吉雯教授的悉心指導與幫助。

蘭州大學敦煌學研究所祁峰、陳培麗，二位博士研究生為本書繪製了線描圖。

在資料收集中，敦煌研究院汪正一老師，蘭州大學敦煌學研究所諸位學友：周倩倩、石澍生、范亞秋、馬高強、魏睿驚、紀應昕、陳禮灶給了我很多幫助。

中共劍川縣委、劍川縣人民政府支持我參與項目研究；工作單位劍川縣文化和旅遊局、劍川縣文化遺產研究院的領導和同仁的大力支持和幫助，使我能專心從事此項研究。

嗇色園李耀輝監院、法國漢學家勞格文教授為本書賜序；敦煌研究院黨委書記趙聲良研究員為我們題寫書名，這既是莫大的鼓勵，亦是鞭策。

本書在出版過程中中華書局（香港）有限公司白靜薇編輯、嗇色園李志誠博士，他們卓有成效的工作，使本圖錄得以順利付梓出版。

在此向各位師友致以衷心的感謝！

本書是研究中的一個階段性成果，錯漏在所難免，敬請各位師友批評指正！在將來的博士後出站研究報告中，我們將做進一步的努力。

辛丑小雪

段鵬

圖片索引

敦煌道教遺跡選萃

主編
譚偉倫
段鵬

封面題字　趙聲良

責任編輯　白靜薇　　**裝幀設計**　黃希欣
排　　版　陳先英　　**印　　務**　劉漢舉

出版
中華書局（香港）有限公司
香港北角英皇道四九九號北角工業大廈一樓 B
電話：（852）2137 2338
傳真：（852）2713 8202
電子郵件：info@chunghwabook.com.hk
網址：http://www.chunghwabook.com.hk

嗇色園黃大仙祠
香港黃大仙竹園村二號
電話：（852）2327 8141
傳真：（852）2351 5640
電子郵件：info@siksikyuen.org.hk
網址：www.siksikyuen.org.hk

發行
香港聯合書刊物流有限公司
香港新界荃灣德士古道 220-248 號
荃灣工業中心 16 樓
電話：（852）2150 2100
傳真：（852）2407 3062
電子郵件：info@suplogistics.com.hk

印刷
美雅印刷製本有限公司
香港觀塘榮業街六號海濱工業大廈四樓 A 室

規格
16 開（286mm×210mm）

版次
2021 年 12 月初版
©2021 中華書局（香港）有限公司

ISBN
978-988-8759-75-0